Theodor Lipps

Die Psychologie und Physiologie der Sinnesorgane

Ästhetische Faktoren der Raumanschauung

Verlag
der
Wissenschaften

Theodor Lipps

Die Psychologie und Physiologie der Sinnesorgane

Ästhetische Faktoren der Raumanschauung

ISBN/EAN: 9783957008442

Auflage: 1

Erscheinungsjahr: 2016

Erscheinungsort: Norderstedt, Deutschland

Hergestellt in Europa, USA, Kanada, Australien, Japan
Verlag der Wissenschaften in Hansebooks GmbH, Norderstedt

Ästhetische

Faktoren der Raumanschauung.

Von

Theodor Lipps

in Breslau.

Hamburg und Leipzig.

Verlag von Leopold Voss.

1891

Besonderer Abdruck aus:

BEITRÄGE
ZUR
PSYCHOLOGIE
UND
PHYSIOLOGIE DER SINNESORGANE.

HERMANN VON HELMHOLTZ

ALS FESTGRUSS

ZU SEINEM SIEBZIGSTEN GEBURTSTAG

DARGEBRACHT VON

TH. W. ENGELMANN, E. JAVAL,
A. KÖNIG, J. VON KRIES, TH. LIPPS, L. MATTHIESSEN,
W. PREYER, W. UHTHOFF.

GESAMMELT UND HERAUSGEGEBEN VON ARTHUR KÖNIG.

MIT ABBILDUNGEN IM TEXT UND SECHS TAFELN
1891.
PREIS M. 15.—, GEBUNDEN M. 18.—.

Einleitung.

Noch immer stehen sich hinsichtlich der Erklärung unserer Raumanschauung die Meinungen schroff gegenüber. Aus weit voneinander abweichenden Gründen werden insbesondere die Thatsachen erklärt, die man unter dem nicht eben scharf abgegrenzten und nicht in jedem Sinne zutreffenden Namen der optischen Täuschungen zusammenfaßst. Auf der einen Seite begegnen wir dem Bestreben, möglichst viele dieser Thatsachen auf allerlei angebliche Besonderheiten der Bewegungen unserer Augen zurückzuführen. Diesem Erklärungsprinzip, das WUNDT ausgebildet, und dessen sich neuerdings MÜNSTERBERG angenommen hat, steht für eine Reihe von Täuschungen das v. HELMHOLTZsche Prinzip der »Gewohnheiten des Sehens«, entgegen, das aus Erfahrungen die fraglichen Täuschungen ableitet. Dieselben Täuschungen erscheinen jener Erklärung zufolge als Modifikationen des Sehens oder des Gesichtsbildes, während sie nach der letzteren vielmehr Täuschungen des Urteils sind, bei denen die Wahrnehmung bleibt, wie sie ist. So wenigstens fasse ich den Gegensatz, obgleich ich weder bei WUNDT noch bei MÜNSTERBERG einer deutlichen Unterscheidung jener beiden Möglichkeiten begegne.

Mit Vorstehendem habe ich auch schon zu erkennen gegeben, auf welcher Seite ich stehe. Das Prinzip de

schwierigeren oder weniger schwierigen Augenbewegungen
scheint mir, als Prinzip und in jedem einzelnen Falle seiner
Anwendung, in sehr zwingender Weise widerlegbar. Wiefern
ich zu diesem Urteil berechtigt bin, habe ich bereits an
anderer Stelle zu zeigen versucht und werde ich, wiederum
an anderer Stelle, weiter zu zeigen versuchen. Hier habe ich
keine solche Absicht. Vielmehr will ich im Folgenden den
Versuch machen, das Prinzip der Urteilstäuschungen nach
einer bestimmten Richtung hin zu erweitern und in seiner
Fruchtbarkeit darzuthun. Immerhin werde ich dabei nicht
umhin können, auch gelegentlich einer entgegenstehenden
Anschauung zu gedenken.

Ich setze bekannte Täuschungen als bekannt voraus.
Nicht minder den Sinn des v. HELMHOLTZschen Prinzips.
Doch liegt mir daran, das letztere hier in besonderer Weise
zu formulieren.

In folgende zwei Regeln läfst sich dasselbe auseinander-
legen. Sind wir in überwiegend vielen Fällen durch die
Erfahrung genötigt gewesen, über eine wahrgenomme Raum-
form ein bestimmtes Urteil zu fällen, etwa die Gröfse eines
Gesichtsbildes auf bestimmte Weise in die wirkliche Gröfse
des gesehenen Objektes zu übersetzen, so sind wir geneigt,
dies Urteil oder diese Art der Übersetzung auch auf solche
analoge Fälle zu übertragen, in denen die besonderen Gründe,
die in jenen Fällen das Urteil veranlafsten und rechtfertigten,
nicht statthaben, das Urteil also ein irriges ist.

Und zweitens: Drängt sich uns dieses irrige Urteil, oder, wie
wir auch sagen können, dies Ergebnis eines unbewufsten Analogie-
schlusses in genügend zwingender und unmittelbarer Weise auf,
so vermögen wir dasselbe von den Inhalten unserer Wahrnehmung nicht mehr zu scheiden, halten also, was wir nur erschlossen haben oder zu wissen glauben, für gleichfalls wahr-
genommen. Auf diese Weise wird erst das trügerische Urteil
zur optischen Täuschung. In dem irrtümlichen Glauben, nicht

nur, dafs etwas sei, sondern dafs es von uns gesehen werde, besteht die optische Täuschung, die Urteilstäuschung, oder die Urteilstäuschung, die zugleich optische Täuschung ist.

So meinen wir nicht blofs, die Höhe des Quadrates s e i gröfser, als die Breite, sondern wir glauben, sie gröfser zu s e h e n. Wir glauben beides, weil wir ähnliche Flächen in einer Überzahl von Fällen bei geneigter Blickrichtung betrachtet und demnach das Gesichtsbild ihrer vertikalen Distanz in unseren Gedanken stärker vergröfsert haben, als das Gesichtsbild der zugehörigen Breitenausdehnung. Die Vielheit der Fälle, in denen wir so verfuhren, macht, dafs der Gedanke einer über die Breite relativ, überwiegenden vertikalen Ausdehnung mit der Wahrnehmung solcher Flächen eng und unmittelbar verknüpft ist. Daraus entsteht die Täuschung des Urteils und weiterhin die optische Täuschung.

Von jenen beiden Regeln nun ist mir in diesem Zusammenhange vor allem an der zweiten gelegen. Offenbar ist sie nur ein Spezialfall einer allgemeineren Regel. Soll sie gelten, so müssen wir überhaupt so geartet sein, dafs wir glauben können, eine Raumbestimmung an einem Objekte mit w a h r z u n e h m e n, wenn der Gedanke an das Vorhandensein der Raumbestimmung sich mit der Wahrnehmung des Objektes genügend unmittelbar und zwingend verbindet.

Dafs wir nun in der That so geartet sind, kann keinem Zweifel unterliegen. Es braucht nur an die täuschende Wirkung der Perspektive bei richtig gezeichneten oder gemalten Gegenständen erinnert zu werden. Gilt aber darnach jene allgemeinere Regel, so mufs sie auch auf anderen Gebieten ihre Anwendung finden. Wie sie auf einem mir besonders naheliegenden Gebiete zur Anwendung komme, dies zu zeigen ist die Absicht der folgenden Untersuchung.

Ein Beispiel.

Kein Gedanke kann sich mit der Wahrnehmung sichtbarer Formen inniger verbinden und jedesmal im Akte ihrer Wahrnehmung zwingender und unmittelbarer aufdrängen, als die Gedanken, durch die sichtbare Formen Gegenstände der ästhetischen Betrachtung, damit zugleich der ästhetischen Wertschätzung werden. Dafs die Gedanken so zwingend und unmittelbar, so ohne alle Reflexion sich aufdrängen, das eben macht sie zu Inhalten der ästhetischen Betrachtung. Keine Betrachtungsweise ist weniger eine geflissentliche, nur gelegentlich oder aus besonderem Anlafs angestellte, als die ästhetische. Keine ist für jedermann und jederzeit so natürlich, so naheliegend, so unvermeidlich.

Ich rede bestimmter. Erfahrung hat es dahin gebracht, dafs wir keine Linie sehen können, ohne in ihr eine Kraft thätig, eine Bewegung wirksam zu denken, ohne sie zu zu fassen als Ausdruck einer Art der Lebendigkeit oder inneren Regsamkeit. Auf Grund von Erfahrungen ist die Gerade für uns nicht nur da, sondern sie streckt sich, strebt von einem Ausgangspunkte zu einem Zielpunkt. Die krumme Linie biegt und schmiegt sich, das stehende Rechteck fafst sich nach innen zusammen und gewinnt so die Fähigkeit, sich frei aufzurichten, das liegende dehnt sich in die Breite oder läfst sich gehen, der Kreis drängt nach der Mitte und überwindet mit — nicht ihm, aber uns fühlbarer Anstrengung die natürliche Tendenz des Fortganges in der Tangente u. s. w. So eng ist diese gedankliche Verbindung, dafs wir in keinem Augenblick uns von diesen Kräften, diesen Arten der Bewegung und Lebendigkeit ganz losmachen können; immer sind sie im Akte der Wahrnehmung als Begleiter zugegen; immer ›ist uns so‹, als nähmen wir mit den Linien und linearen Formen zugleich eben diese Kräfte und Bewegungen wahr. — Es wäre ein Wunder, wenn wir nicht auch zugleich die natürlichen Wirkungen dieser Kräfte wahrzunehmen glaubten, wenn nicht der Gedanke an diese Wirkungen unseren Eindruck von der wahrgenommenen Form oder unser Urteil über dieselbe bestimmen und die entsprechende optische Täuschung erzeugen könnte.

Angenommen, diese Voraussetzung trifft zu, so werden solche »optische Täuschungen aus ästhetischen Gründen« zunächst die Urteilstäuschungen der vorhin erwähnten Art beeinflussen, d. h. je nach Umständen steigern oder vermindern können. Dies ist thatsächlich der Fall.

Höhendistanzen werden überschätzt. Dafür scheint das Quadrat in der unteren Hälfte von Fig. 1 ein besonders auffallendes Beispiel darzubieten. Aber schon, dafs die Überschätzung eine so auffallende ist, weist darauf hin, dafs wir es hier nicht mit der gewöhnlichen Überschätzung vertikaler Ausmessungen zu thun haben. Die Vermutung wird bestätigt, wenn wir sehen, dafs die Überschätzung der Höhenausdehnung des fraglichen Quadrates, ich meine seine Ausdehnung in der Richtung, die mit der Hauptrichtung des ganzen Gebildes zusammenfällt, bestehen bleibt, auch wenn wir die Figur um 90° drehen, also die vertikale Distanz für unser Auge in eine horizontale verwandeln. Der Eindruck wird am deutlichsten, wenn wir das Quadrat der Figur mit einem daneben gezeichneten gleich grofsen, nackten Quadrat — Fig. 1a — vergleichen; von welcher Seite man auch die Figur und das Quadrat betrachten mag, immer scheint das Quadrat innerhalb der Figur in der Hauptrichtung der Figur gröfser.

Der Grund kann nur ein ästhetischer sein. Was ich unter ästhetischer Betrachtung sichtbarer Formen verstehe, habe ich eben gesagt. Im Gegensatz zur rein optischen Betrachtung, für welche die Form Form ist und weiter nichts, ist sie eine sachliche oder inhaltliche. Damit ist auch schon gesagt, dafs die Einheit des sichtbaren Gebildes, die für die optische Betrachtung lediglich formale Einheit ist, ein gleichgültiges Nebeneinander von Teilen, für die ästhetische Betrachtung sachliche, inhaltliche Einheit ist, sachlicher innerer Zusammenhang. Sie ist, entsprechend der A r t der ästhetischen Inhalte, Krafteinheit, Einheit der Bewegung, einheitliche Lebendigkeit.

So ist auch unser Gebilde eine inhaltliche oder sachliche

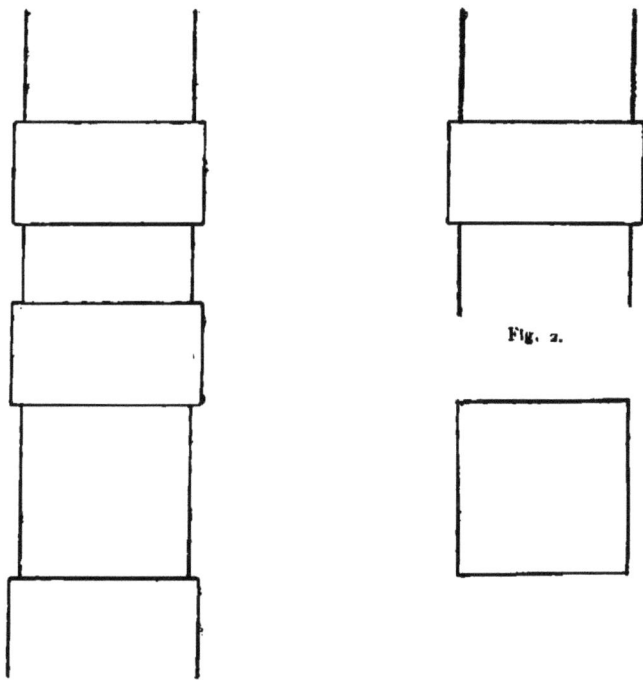

Fig. 1.   Fig. 2a.

Einheit. Es ist eine gegliederte sachliche Einheit; d. h. die Teile entfalten eine relativ selbständige Thätigkeit oder Bewegung. Zugleich sind sie doch alle von dem Zuge des Ganzen erfüllt. Die Bewegung des Ganzen ist auch in den Teilen lebendig.

Nun haben wir in dem fraglichen Gebilde eine doppelte Bewegung oder zunächst eine doppelte bewegende Kraft oder Bewegungstendenz, nämlich die Tendenz nach oben und in die

die Breite. Aber von beiden erscheint die erstere als die herrschende. Sie trägt über die ihr entgegenstehende Tendenz der Ausdehnung in die Breite den Sieg davon. Sie schlägt also in wirkliche Bewegung aus: das Gebilde als Ganzes scheint sich aufzurichten. Daran nimmt das Quadrat teil; es scheint nach oben sich zu strecken. Es kann um so eher diese Vorstellung erwecken, als es an sich gegen die Ausbreitung nach beiden Richtungen neutral ist, wenigstens durch seine Form kein Überwiegen der Ausdehnung in die B r e i t e andeutet. Die in unserer Phantasie vorhandene Bewegung hat nun aber naturgemäfs da, wo sie stattfindet, also in unserer Phantasie, den Erfolg, den eine in Wirklichkeit vorhandene Bewegung in Wirklichkeit haben würde. Der Erfolg der Bewegung nach oben oder des sich Streckens ist das Höherwerden. Also wird das Quadrat in unserer Phantasie höher.

Die Überschätzung der Höhe des Quadrats ist zugleich eine relative Unterschätzung seiner Breite. Aber nicht nur relativ, ich meine im Vergleich zur Höhe, sondern auch absolut genommen wird die Breite des Quadrates unterschätzt. Das Quadrat in der Figur erscheint dem danebenstehenden nackten Quadrat wie an Höhe überlegen, so an Breite nachstehend. Wenigstens dann, wenn die Figur um 90⁰ gedreht wird, verhält es sich so — trotz des dieser Unterschätzung entgegenwirkenden Momentes, das wir gleich kennen lernen werden. Dies Zusammentreffen ist nicht selbstverständlich; dennoch besteht zwischen beiden Thatsachen ein gedanklicher Zusammenhang.

Was durch eigene innere Thätigkeit sich aufrichten soll, kann nicht gleichzeitig sich gehen lassen und in die Breite dehnen. Vielmehr ist die gegenteilige Verhaltungsweise, d. h. eine innere Zusammenfassung, eine Konzentration nach innen, dabei vorausgesetzt. So würde auch unser Quadrat nicht so frei und kräftig sich aufzurichten scheinen, wenn es nicht sich innerlich zusammenfafste. Der Schein der Zu-

sammenfassung entsteht, indem das Quadrat im Vergleich mit
den angrenzenden Teilen des Gebildes nach innen zurücktritt. Wie jede Form für die ästhetische Betrachtung nicht
nur da ist, sondern durch Wirkung innerer Kräfte entsteht,
so auch diese Form des Zurücktretens. Das Quadrat erzeugt sie durch seine Thätigkeit; es zieht sich selbst in
sich zurück, kurz, fafst sich innerlich zusammen.

Mit dieser Deutung, d. h. dieser Rückführung des fak-
tischen Zurücktretens des Quadrates auf eine innere Thätigkeit desselben, begnügt sich aber unsere Phantasie nicht. Das
Quadrat ist nun einmal für uns zum Träger jener Thätigkeit
geworden; es erscheint also auch weiterhin in diesem Lichte.
Wir können das Quadrat, auch so wie es thatsächlich vor
uns steht, nicht betrachten, ohne dafs der Gedanke eines
Strebens nach innen, weil er nun einmal mit dem Bilde des
Quadrates sich verknüpft hat, in uns weiter wirkt. Und dieses
Streben erscheint nicht als ein ohnmächtiges, sondern als ein
über den Widerstand, der ihm entgegensteht, übermächtiges.
Als solches hat es sich ja in jenem faktischen Zurücktreten
erwiesen. Wirkt nun aber der Gedanke dieses übermächtigen
Strebens, oder, was dasselbe sagt, wirkt in unseren Gedanken
dieses übermächtige Streben nach innen weiter, so mufs
das Quadrat weiter sich zusammenzufassen scheinen. Auch
hier also überschätzen wir die Wirkung der Kraft, die uns als
die übermächtige oder siegreiche erscheint. Wir folgen in
unserer Vorstellung der Bewegung, an die wir einmal glauben,
oder von der wir einmal in unseren Gedanken beherrscht sind,
vermöge einer Art von geistigem Trägheitsgesetz, über die
thatsächliche Wahrnehmung hinaus.

Endlich hebe ich auch gleich die dritte Täuschung hervor, die bei unserer Figur stattfindet. Ich meine den Schein
der Konvergenz der vertikalen Linien am oberen Ende des
Gebildes. Die in dem Gebilde für unsere Vorstellung herrschende Bewegung, sagten wir, sei die Bewegung nach

oben. Diese Bewegung vollzieht sich aber, wie wir eben schon sahen, nicht in einem Zuge, sondern im Wechsel der Zusammenfassung und der Wiederaufhebung derselben, also des Nachlassens oder Heraustretens in die Breite. Die Bewegung in die Breite nun vergegenwärtigen uns die heraustretenden liegenden Rechtecke; es besteht in dieser Bewegung die besondere und relativ selbständige, freilich auch nur r e l a t i v selbständige Funktion derselben. Es wäre nicht genau, zu sagen: die Rechtecke treten heraus; vielmehr tritt i n ihnen das G e b i l d e aus sich selbst heraus. Ebenso faſst sich dann wiederum in den zurücktretenden Teilen das Gebilde in sich selbst zusammen.

Das Gebilde als Ganzes, so müssen wir sagen, birgt in sich überall beide Tendenzen: die der Ausbreitung und die der Zusammenfassung. In den heraustretenden Rechtecken siegt die erstere, in den zurücktretenden Teilen und im Ganzen besiegt die Tendenz nach innen den Widerstand, den ihr die Tendenz der Ausbreitung bereitet. Wird nun dieser Widerstand auch besiegt, so ist er doch da und übt auf die Bewegung nach innen eine hemmende Wirkung; und dies geschieht naturgemäſs zunächst da, wo die den Widerstand übende Tendenz nach aufsen das Übergewicht gewinnt, d. h. an den Punkten, an denen die zurücktretenden Teile mit den heraustretenden Rechtecken zusammentreffen und an sie nicht nur formal, sondern sachlich gebunden erscheinen. Das Gebilde wird an diesen Punkten von den heraustretenden Rechtecken festgehalten. Wir gewinnen den Eindruck, daſs in ihnen eine innere Spannung zwischen den einander entgegenwirkenden Kräften stattfinde. Von dieser Spannung nun oder dieser Hemmung der nach innen gehenden Bewegung werden die z w i s c h e n den heraustretenden Rechtecken liegenden Teile des Gebildes oben und unten g l e i c h m ä ſs i g betroffen, der oberste Teil des Gebildes dagegen nur an seinem unteren Ende. Im übrigen ist die Tendenz nach innen von jener

Hemmung frei, kann also und muſs sich verwirklichen. Daraus ergiebt sich die Vorstellung und der optische Schein der Konvergenz. Die optische Täuschung, von der wir reden, ist der optische Widerschein der Reaktion gegen den in den heraustretenden Rechtecken liegenden und sich verwirklichenden Zwang der Bewegung nach auſsen. Die Wirkung ist eine doppelseitige in Fig. 2. Der Eindruck verstärkt sich hier, wenn die Linien nach unten länger ausgezogen werden. Im Übrigen mache ich die Bemerkung, daſs hier, wie überall, wo die optische Täuschung in einer scheinbaren Neigung vertikaler Linien besteht, die Drehung der Figur um 45°, also die halb seitliche Betrachtung zweckmäſsig ist. Der Grund wird später erwähnt werden.

Spezielleres über Gröſsenurteile beim Quadrat und Rechteck.

Was wir im Vorstehenden gewonnen haben, wird sich uns nun im Verfolg dieser Untersuchung nach verschiedenen Richtungen hin bestätigen. Zunächst verweilen wir einen Augenblick bei gewissen Besonderheiten unseres Gröſsenurteils, wie sie schon beim einfachen Quadrat und Rechteck zu Tage treten.

Wir sahen, daſs die Ausdehnung in der Richtung der herrschenden Bewegung, oder anders ausgedrückt, die Ausdehnung in der Richtung der Thätigkeit, die in unserer Vorstellung oder für dieselbe als die herrschende, überwiegende, übermächtige erscheint, von uns überschätzt wird. Schon bei dem nackten Quadrat nun ist die Höhenausdehnung die Richtung der herrschenden Bewegung. Das Quadrat ist thatsächlich ebensowohl ein aufrechtes, als ein liegendes Rechteck; es erscheint uns aber jederzeit als ein aufrechtes Gebilde. Danach müssen wir annehmen, daſs auch schon bei der Überschätzung der Höhe des nackten Quadrates der ästhetische Faktor mitwirke.

Das Gleiche gilt von der Überschätzung der Höhe eines gleichseitigen Dreiecks.

In der That überschätze ich bei letzterem diejenige Ausdehnung, die ich als Höhenausdehnung betrachte, auch wenn sie es der Lage des Dreiecks nach für das Auge nicht ist. Oder anders gesagt: ich überschätze bei gleicher Lage die Ausdehnung in dieser oder in jener Richtung, je nachdem es mir gelingt, die eine oder die andere Seite als die Basis des Dreiecks zu betrachten. Eine andere als die horizontal liegende Seite fasse ich aber dann am leichtesten als Basis, wenn ich das Dreieck als Giebeldreieck zeichne. — Man kann danach schliefslich zweifelhaft sein, wie viel von der Überschätzung der Höhe in beiden genannten Fällen übrig bliebe, wenn der ästhetische Faktor ausgeschlossen werden könnte.

Es hat aber die Thatsache, dafs wir das Quadrat als aufrechtes Gebilde fassen, für uns eine allgemeinere Bedeutung. Auch sonst werden wir finden, dafs uns gewisse Richtungen als Hauptrichtungen erscheinen, obgleich sie fürs Auge vor anderen Richtungen keinen Vorzug haben.

Um so gewisser haben solche Richtungen jedesmal einen ästhetischen Vorzug. Gerade bei der vertikalen Richtung tritt derselbe besonders deutlich hervor. Die vertikale Richtung ist in besonderem Mafse die Richtung der Aktivität, der eigenen Kraftbethätigung, der positiven Leistung. Die Schwere zieht zu Boden; was der Schwere folgt, verhält sich passiv; was sich emporrichtet, sich aufwärts bewegt, die Schwere überwindet, erweist sich eben damit als aktiv. Alles aber, was aktiv ist oder scheint, liegt uns, als wollenden und darum im eigentlichsten Sinne des Wortes aktiven Wesen besonders nahe; es drängt sich unserem Bewufstsein und Gefühl in besonderem Mafse auf; es übt in unserer Vorstellung eine besondere Wirkung.

Dies ist es denn auch, was uns in dem Quadrat, obgleich es in gleichem Grade aktiv und passiv scheinen müfste, vor-

zugsweise den Träger der zur vertikalen Ausdehnung erforderlichen Aktivität sehen läfst. Sie überwiegt in unserer
Vorstellung und scheint damit zugleich im Objekte zu überwiegen. Kein Wunder, da ja das Objekt, sofern es als Träger
von Kräften betrachtet wird, gar nirgends anders als in
unserer Vorstellung besteht.

Mit dem Gedanken des sich Aufrichtens durch innere
Thätigkeit schien uns oben der Gedanke der Zusammenfassung oder Konzentration nach innen in unmittelbarem
Zusammenhang zu stehen. Dieser Zusammenhang wird unmittelbar deutlich, wenn wir bemerken, dafs von zwei gleich
hohen und verschieden breiten Rechtecken unter im übrigen
gleichen Umständen das schmälere höher scheint. Gewifs
nicht einfach darum, weil es schmäler ist. Es wurde schon
angedeutet, dafs es Fälle giebt, in denen die schmäleren
Gebilde als die niedrigeren erscheinen. Sondern weil in den
Fällen, von denen hier die Rede ist, die geringere Ausdehnung
in die Breite den Gedanken stärkerer Konzentration und
damit einer energischeren, so zu sagen rascheren Bewegung
nach oben, die gröfsere Breite den Gedanken relativer Trägheit
oder relativen Sichgehenlassens und damit den Gedanken
geringerer vertikaler Thätigkeit unmittelbar nahelegt.

Dieser Auffassung scheint der Eindruck zu widersprechen,
den wir gewinnen, wenn wir kannellierte und unkannellierte
Pfeiler oder Säulen vergleichen, oder auch nur zwei Rechtecke
von gleicher Höhe und gleicher Breite nebeneinander stellen,
von denen das eine mit längslaufenden, an Kannelluren er-
innernden Linien versehen ist, während beim anderen solche
Linien fehlen. Das erstere der beiden erscheint niedriger.
Durch die vertikalen Linien wird aber das Rechteck in eine
Reihe schmälerer Rechtecke zerlegt, die nach oben Gesagtem
vielmehr höher erscheinen müfsten.

Indessen diese Zerlegung findet nur für den optischen
Standpunkt statt. Wenn dieser Standpunkt hier der ent-

scheidende wäre, müfste also gewifs eine Überschätzung der
Höhe bei dem mit vertikalen Linien versehenen Rechteck
stattfinden. Dagegen wird für den ästhetischen Standpunkt
auch hier das blofse Nebeneinander zu einer sachlichen Einheit;
die Vielheit von schmalen Rechtecken erscheint als ein Ganzes,
nur als ein Ganzes von besonderem Charakter.

Der besondere Charakter besteht nun ohne Zweifel in
dem Schein einer besonderen Energie des Aufstrebens. Daraus
könnte wiederum ein Widerspruch mit dem oben Gesagten
abgeleitet werden. Der Gedanke der Thätigkeit nach oben
läfst uns ja eben die vertikale Ausdehnung ü b e r s c h ä tz e n.
Aber Energie des Aufstrebens ist nicht identisch mit wirklicher
Aufwärtsbewegung, sondern in gewisser Weise das Gegenteil
einer solchen. Und nur von der wirklichen, d. h. in unserer
Phantasie wirklichen Bewegung, nur von der Vorstellung der
siegreichen, gegenwirkende Kräfte überwindenden Thätigkeit,
der Thätigkeit also, durch die etwas gethan oder geleistet
wird, wurde gesagt und sollte gesagt werden, dafs sie die
Überschätzung der entsprechenden Dimension bedinge. Die
vertikalen Linien machen den Eindruck erhöhter innerer
Spannung oder Anstrengung. Darin liegt von selbst der
Gedanke einer Gegenwirkung, die überwunden werden mufs
und n i c h t a l l z u l e i c h t überwunden wird. So spannen ja
auch wir uns nicht sichtbar an, wenn wir eine Last leicht
heben, sondern wenn Grund ist zum Gedanken, dafs wir
von der Last niedergedrückt werden. Eine Thätigkeit, die
m i t i n n e r e r A n s t r e n g u n g sich vollzieht, liegt in den
Gebilden, die mit solchen Linien versehen sind, ausgesprochen,
nicht eine ihrer Natur nach übermächtige oder überlegene Thätigkeit, die der inneren Anspannung nicht bedarf, weil sie auch ohne
solche ihres Erfolges sicher ist. Diese ist uns vielmehr in den
von den Linien freien Gebilden vergegenwärtigt. So bestätigt
in Wahrheit der Vergleich der beiden Formen unsere Anschauung. Zugleich schliefst er ein mögliches Mifsverständnis aus.

Gleichzeitig muſs hier ein anderes Miſsverständnis ausgeschlossen werden, das durch das eben Gesagte hervor-
gerufen oder befördert werden könnte. Die Last hemmt
die Bewegung dessen, das sich gegen sie aufrichtet. So
könnte, dem Obigen zufolge, die Vorstellung der Last gleichfalls
als Grund erscheinen für eine Unterschätzung des Erfolgs der
Aufwärtsbewegung' des tragenden Gebildes, also für eine
Unterschätzung der vertikalen Ausdehnung, die aus jener
Bewegung hervorgeht. In der That ist Ästhetikern ein Miſsverständnis von solcher Art begegnet. Wie bekannt, ist der
Boden, auf dem die dorischen Säulen aufstehen, oder kürzer
gesagt, die Oberfläche des dorischen Stylobats, in einigen
Fällen keine genaue Ebene, sondern eine leicht gewölbte
Fläche. Als Grund dafür hat man angegeben, daſs ein völlig
ebenes Stylobat wegen der in der Mitte besonders stark
wirkenden Last der Säulen in der Mitte eingesunken, also in
seiner Höhe vermindert erscheinen müſste. — Es ist dies,
soviel ich weiſs, der einzige Fall, in dem eine optische Täuschung aus ästhetischen Gründen bisher ausdrücklich statuiert
wurde. Gerade in diesem Falle aber trifft nach allem, was
ich sehen kann, die optische Täuschung nicht zu.

Es besteht eben für eine solche keinerlei Grund. Ich
sehe hier ganz davon ab, daſs die dorische Säule physikalisch
zwar lastet, ästhetisch aber das Gegenteil thut, nämlich, so gut
wie jede Säule, sich aufrichtet. Auch wenn sie ästhetisch
ebenso lastete, wie sie es physikalisch thut, so würde ja daraus
doch für den Eindruck, den das Stylobat macht, ganz und
gar nichts folgen. Wir könnten von dem Stylobat f o r d e r n,
daſs es sich der Last gegenüber irgendwie geberdete, aber
ob es der Forderung nachkäme, darüber würde das Dasein
der Last nicht das Mindeste aussagen. Die Last könnte beliebig groſs erscheinen, das Stylobat aber den Eindruck machen,
als ob es dadurch in keiner Weise affiziert würde. In der
That macht ein ebenes Stylobat diesen Eindruck.

Allgemein gesagt: Der ästhetische Eindruck eines Gebildes ist der unmittelbare Eindruck eben dieses Gebildes. Ein Gebilde macht einen ästhetischen Eindruck niemals darum, weil wir ihn wegen des Eindrucks eines anderen Gebildes fordern, sondern immer nur, weil er aus der Betrachtung des Gebildes unmittelbar sich ergiebt. Er kann nie aus einem Anderen erschlossen werden, sondern mufs jederzeit unmittelbar da sein und an Ort und Stelle sich aufdrängen. Andernfalls ist er kein ästhetischer Thatbestand, sondern ein Ergebnis der Reflexion. So kann auch auf einem aufgerichteten oder überhaupt nach oben thätigen Rechteck, wie etwa das Quadrat in Fig. 1, eine beliebige Last zu ruhen scheinen; dies hindert nicht, dafs das Rechteck gegen eben diese Last beliebig frei sich aufzurichten scheint. Soll der Eindruck entstehen, dafs es mit Anstrengung oder innerer Spannung sich aufrichte, so mufs diese Art des inneren Verhaltens an ihm selbst zu Tage treten, etwa so, wie dies bei dem kannellierten Pfeiler oder dem ähnlich charakterisierten Rechteck der Fall ist.

Zusammenfassende Linien.

Wir werden einen Schritt weiter geführt durch den Vergleich von Fig. 3 und Fig. 4, der eine analoge Täuschung ergiebt, wie Fig. 1 sie zeigte. Fig. 3 vergegenwärtigt uns ein Quadrat mit verlängerten horizontalen, Fig. 4 ein ebenso grofses mit verlängerten vertikalen Seiten. Letzteres erscheint im Vergleich mit ersterem höher und schmäler.

Ohne Zweifel liegt dies an den verlängerten Seiten. Dieselben schliefsen eine ihrer Richtung entsprechende Bewegung in sich; und diese Bewegung teilt sich den mit ihnen nicht nur optisch, sondern sachlich oder innerlich verbundenen Quadraten mit. Vielmehr: sie ist wegen der inneren Einheit des ganzen Gebildes ohne weiteres zugleich ihre Bewegung.

Zugleich scheinen in beiden Figuren die verlängerten Seiten in der Mitte etwas nach auswärts gekrümmt, also

gegen die Enden hin etwas konvergent. Dies wiederum kann
nur an den die verlängerten Linien verbindenden Querlinien
liegen. Sie scheinen nicht nur optisch, sondern sachlich zu
verbinden, d. h. zusammenzufassen. Darin liegt unmittelbar
der Gedanke einer Kraft, die auf die verlängerten Linien wirkt
und sie seitwärts auseinandertriebe, wenn sie nicht, so wie
es der Fall ist, d. h. nahe ihren beiden Enden zusammengefafst wären. Natürlich mufs in der Mitte, wo die verbindenden Linien nicht unmittelbar wirken, diese Kraft relativ
frei zur Geltung kommen. Die vertikalen Linien scheinen

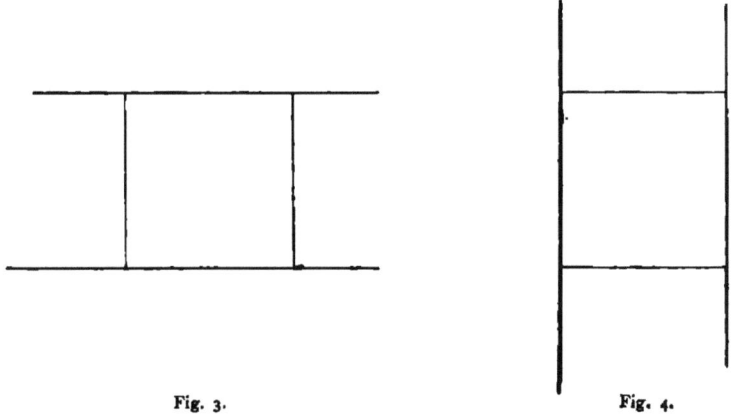

Fig. 3.   Fig. 4.

nach oben und unten gewaltsam einander genähert, in der
Mitte relativ dem Streben nach aufsen preisgegeben.

Hiermit beschreibe ich zunächst den unmittelbaren Eindruck der beiden Gebilde. Ich sage keineswegs, dafs optisch
verbindende Linien immer so wie hier als zusammenfassend
erscheinen müfsten. Sie erscheinen in diesem Lichte nur,
wenn dafür ein besonderer Anhaltspunkt gegeben ist. An
sich ist der Gedanke, dafs verbindende Linien zusammen-
fassen, nur ein möglicher und naturgemäfser. Er drängt sich
auf in dem Mafse, als er im Zusammenhang des Ganzen
Sinn hat. Hier hat er Sinn, sofern das von den geraden
Linien begrenzte oder eingeschlossene Quadrat ein ausge-

dehntes oder sich ausdehnendes Gebilde ist. Es ist gewifs
ebenso ein sich in sich selbst zusammenfassendes Gebilde;
aber für die Funktion der Zusammenfassung bieten sich eben
unserer Vorstellung die verbindenden Linien speziell als Träger
dar; das Quadrat im Übrigen erscheint dann naturgemäfs vorzugsweise als Träger des entgegengesetzten und jenen Gedanken
ergänzenden Gedankens.

Diese Anschauung hat wiederum allgemeinere Bedeutung.
Scheint in einem Gebilde die eine von zwei Kräften, die
einander in dem Gebilde das Gleichgewicht halten, an einer
Stelle vorzugsweise thätig, so mufs aufserhalb dieser Stelle
auch die andere in ihrer Wirkung entsprechend gesteigert
erscheinen. Die Aktion bedingt die Reaktion; die Aufhebung
des Gleichgewichts nach der einen Seite hat zur Folge, dafs
nun auch die andere Seite entsprechend zu ihrem Rechte kommt;
dadurch stellt unsere Phantasie das Gleichgewicht wieder her.

Eine der hier besprochenen analoge optische Täuschung
mufs nun auch stattfinden, wenn die Verlängerung der Seiten
unterbleibt, also das Quadrat als nacktes sich darstellt. Bei
ihm erscheinen alle begrenzenden Linien als zusammenfassende. Sie sind, wie es schon der Name sagt, die besonderen Träger der Begrenzung, d. h. der Zusammenfassung,
die im Quadrat der Ausdehnung die Wage hält und dadurch
das Quadrat erst erzeugt oder in seinem Bestande erhält.
Jede horizontale Linie fafst die beiden vertikalen, jede vertikale
Linie die beiden horizontalen an den Enden zusammen.
Wiederum mufs das Quadrat im Übrigen vorzugsweise als
Träger des Ausdehnungsstrebens erscheinen. In der That
macht das nackte Quadrat den Eindruck, als sei es an den
Seiten schwach ausgebaucht, an den Ecken zusammengezogen,
also im Ganzen etwas gerundet. Dasselbe gilt von jedem
Rechteck, um so mehr, je mehr es dem Quadrat sich nähert,
je weniger es also nach einer Richtung als gestreckt oder
sich streckend erscheinen kann.

Die Täuschung wird am deutlichsten, wenn wir sie zum Verschwinden bringen. Sie verschwindet aber naturgemäfs, wenn alle Seiten verlängert werden, also über das Quadrat hinaus sich erstrecken. Die Vorstellung der Bindung oder Zusammenfassung, also der Bewegung nach innen, hat dann der entgegengesetzten Vorstellung Platz gemacht. Dabei erscheint

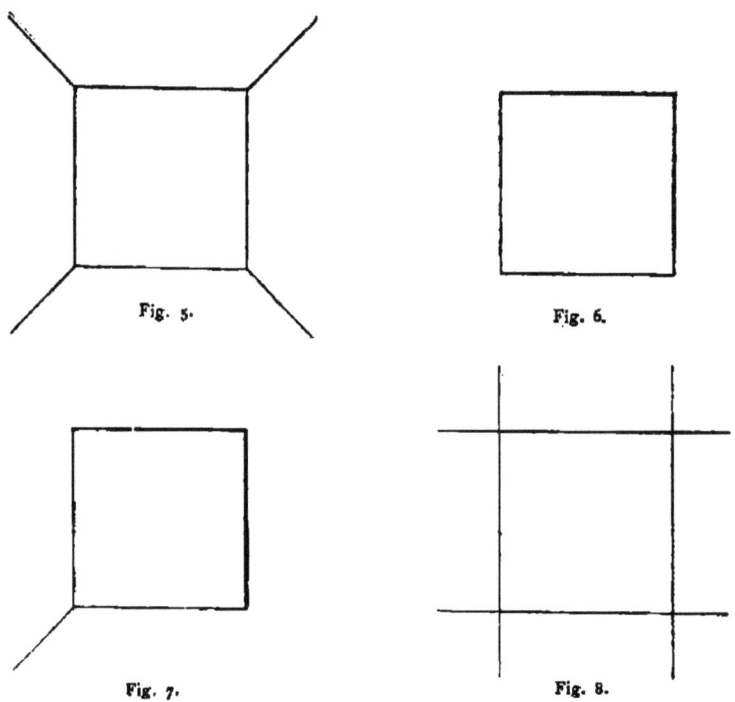

Fig. 5.   Fig. 6.

Fig. 7.   Fig. 8.

das Quadrat zugleich, weil es in seinen Grenzen allseitig über sich hinausstrebt, im Ganzen gröfser, freier, stattlicher.

Die Richtigkeit des Gesagten ergiebt sich aus dem Vergleich von Fig. 6 und Fig. 8. Vielleicht macht sich der oben bezeichnete Eindruck des nackten Quadrates nicht bei jedem so unmittelbar geltend, wie dies bei mir der Fall ist. Dann bemerke ich, dafs ich von denen, die ich aufforderte, das nackte Quadrat, wie es Fig. 6 zeigt, mit Fig. 8

zu vergleichen, teilweise sofort die Antwort erhielt, das nackte Quadrat erscheine ihnen rundlich. Andere meinten, Fig. 8 mache im Vergleich mit dem Quadrat den Eindruck, als seien die Seiten nach innen eingezogen. — Bei dieser Gelegenheit füge ich allgemeiner hinzu, dafs ich, wie freilich selbstverständlich, mich bei allen hier behandelten optischen Täuschungen nie auf mein eigenes 'Urteil verlassen habe. Täuschungen, bei denen die Befragung Anderer kein sicheres Resultat ergab, habe ich überall unberücksichtigt gelassen oder die Unsicherheit des Ergebnisses ausdrücklich betont.

Eine ähnliche ausweitende Wirkung wie die verlängerten Seiten haben beim Quadrat schräge Linien, die von den Ecken des Quadrats über das Quadrat hinausweisen. Man vergleiche mit Fig. 6 die Figuren 5 und 7. Am deutlichsten vielleicht zeigt sich die Wirkung in der letzteren Figur. Die Ecke, an welche die schräge Linie ansetzt, scheint heraus-gezogen und damit das ganze Quadrat verschoben. So läfst sich ein Quadrat, je nachdem wir an dieser oder jener, oder an mehreren Ecken zugleich Schrägen ansetzen, bald nach dieser, bald nach jener Richtung scheinbar verschieben.

Die im Obigen vorausgesetzte optisch zusammenfassende Wirkung verbindender Linien bedarf noch einer näheren Be-stimmung. Verbindende Linien können die Wirkung einer auseinandertreibenden Kraft hemmen, niemals aber das, ab-gesehen von dieser Wirkung bestehende Aussereinander ver-mindern. Sie können der ausdehnenden Bewegung passiven Widerstand leisten, niemals eine spontane Gegenwirkung gegen dieselbe repräsentieren. Es giebt nichts, was die Vor-stellung in uns erwecken könnte, dafs eine Linie sich frei in sich zusammenziehe. Daher dürfen wir niemals eine absolute, sondern immer nur eine relative Unterschätzung der Distanz erwarten, die dié verbindenden Linien durchlaufen; d. h. die Linien bewirken fürs Auge eine Verengerung oder Ein-schnürung lediglich im Vergleich zu der Wirkung der ausbreitenden Kraft, die jenseits der Stelle der Einschnürung stattfindet. Natürlich setzt dies voraus, dafs dort eine solche ausbreitende Wirkung für uns bestehe. Wir glauben aber an eine solche, wir meinen jenseits der Stelle der Einschnürung eine Ausbauchung zu sehen, wenn sich uns dort der Gedanke einer Kraft, die die Ausbauchung bewirken kann, eben im Gegensatz zu der verbindenden Linie aufdrängt. Dies ist, wie wir sahen, der Fall beim nackten Quadrat. Wir glauben ein ander Mal eine stärkere Ausbauchung wahrzunehmen, als wir wirklich wahrnehmen, wenn eine Ausbauchung jenseits der verbindenden Linie schon vorliegt und eine ausbreitende Kraft in sich zu schliefsen oder aus einer solchen hervorzugehen scheint. In jedem Falle lassen die scheinbar einschnürenden Linien die Wirkung der ihnen entgegenstehenden ausbreitenden Kraft in unserer Vorstellung hervortreten, also das Gebilde jenseits der Linie scheinbar herausquellen. Die relative Unterschätzung nun der von einer solchen Linie durchmessenen Distanz ist mit diesem Schein des Herausquellens von selbst gegeben. Sie ist gar nichts anderes, als jene Überschätzung der Wirkung der ausbreitenden Kraft jenseits der Stelle der Einschnürung.

Dagegen kann eine absolute Unterschätzung der von der einschnürenden Linie durchmessenen Distanz, oder kürzer, der Weite der Einschnürung so wenig stattfinden, dafs vielmehr eine absolute Überschätzung derselben unvermeidlich erscheint. Dies liegt schon in dem oben Gesagten. Was nur passiven Widerstand leistet, giebt jederzeit nach. Nur so, dafs wir die verbindende Linie die Wirkung der Kraft, der sie Widerstand leistet, in Gedanken erfahren lassen, können wir sie als solchen Widerstand übend vorstellen. Die verbindende Linie wird auseinandergezogen und erprobt eben dabei ihre zusammenfassende oder einschnürende Kraft. Ihre Wirkung besteht darin, dafs sie die Dehnung, die ihr aufgenötigt wird, aufhält.

Die Kraft nun, durch die der Einschnürung diese Dehnung aufgenötigt wird, ist keine andere, als eben die ausbreitende Kraft, die jenseits der Einschnürung den Schein des Herausquellens entstehen läfst. So ist schliefslich auch die Überschätzung der Weite der Einschnürung nur eine Seite der Überschätzung der Wirkung dieser ausbreitenden Kraft. Letztere wird überschätzt, sofern sie schon in der Einschnürung oder gegen dieselbe siegreich erscheint, und erst recht nachher, wo wir sie aus der Einschnürung heraustreten und frei sich bethätigen sehen.

Von diesem Sachverhalt giebt Fig. 9, verglichen mit Fig. 10, ein deutliches Beispiel. Da, wo in der ersteren die zusammenfassende Linie sich findet, tritt, eben im Gegensatz

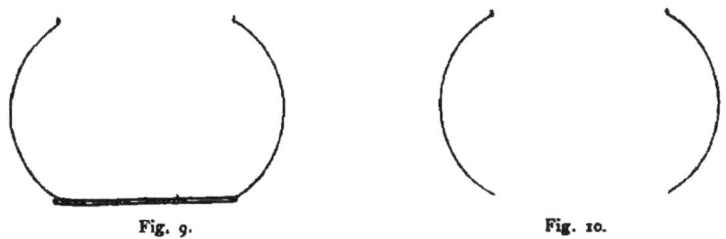

Fig. 9.   Fig. 10.

zur Zusammenfassung, die Energie der ausbreitenden Kraft erst recht in unser Bewufstsein. Daraus ergiebt sich beides: der Eindruck der stärkeren Wölbung der Kurve unmittelbar jenseits der verbindenden Linie und die Überschätzung der Gröfse der verbindenden Linie selbst. Jene ist zugleich eine relative Unterschätzung der Weite der Einschnürung. Beide optische Täuschungen werden durch den Gegensatz deutlicher, wenn man in Fig. 10 oben eine verbindende Linie anbringt.

Schliefslich läfst sich das in diesem Abschnitt Gewonnene verallgemeinern. Wir verstehen es, dafs der Eindruck einer Thätigkeit sich steigert in dem Mafse, als die Kraft, die durch die Thätigkeit überwunden wird, sichtbar hervortritt, überhaupt sich unserem Bewufstsein möglichst unmittelbar aufdrängt. Daraus ergiebt sich jedesmal eine Überschätzung des sichtbaren Erfolges jener Thätigkeit. — Wir werden noch allerlei Fälle kennen lernen, die dieser Regel sich unterordnen.

Anwendungen auf die Kunst.

Die bisher angedeuteten Möglichkeiten optischer Täuschungen und ihrer Wiederaufhebung 'gelangen zu ihrer eigentlichen Bedeutung in den technischen Künsten, und vor allem in der vornehmsten unter ihnen, der Architektur. Nicht, als wäre der Kunst an Formen als solchen, also auch an der Korrektur von Formen als solcher gelegen. Formen haben für die Kunst Bedeutung, sofern sie etwas bedeuten oder »symbolisieren«. Die sogenannte reine Formenschönheit ist im Kunstwerke, insbesondere im architektonischen, nirgends anzutreffen. Aber eben, weil Formen etwas bedeuten, fordert die Kunst überall solche Formen, deren Bedeutung in den Sinn des Ganzen, dem sie angehören, sich ohne Widerspruch einfügt. Korrigiert die Architektur irgendwo einen optischen Schein, so korrigiert sie in Wahrheit den darin liegenden unzulässigen Gedanken. Freilich ist damit zugleich die Korrektur des Scheines selbst notwendig verbunden. Sofern beides Hand in Hand geht, kann man sogar sagen, dafs im Korrigieren des unzulässigen optischen Scheines eine wesentliche und immer wieder sich aufdrängende Aufgabe der Architektur und der technischen Künste überhaupt besteht.

So wird vor allem in gar vielen Fällen der ästhetische Charakter des nackten Rechtecks, das Gebundene und Unfreie, Beengte, Plumpe seines Wesens eine Korrektur erfordern, die zugleich die Form selbst scheinbar verändert. Vielleicht wird die Korrektur durch angrenzende Formen unmittelbar vollzogen; Rechtecke, die sich verbinden, erzeugen ein Ganzes, in dem als Ganzem ein kräftigeres oder freier aus sich heraustretendes Leben sich entfaltet. Oder sie ordnen sich einem Ganzen aus verschiedenartigen Elementen unter und gewinnen,

wie das Quadrat in Fig. 1, vermöge der Wechselwirkung
der Elemente den Charakter des freieren Aussichherausgehens
in einer bestimmten Richtung. Wo dergleichen nicht von
selbst geschieht, müssen geflissentlich geeignete Mittel an-
gewandt werden. Die wichtigsten Mittel liegen aber in Figg. 1,
5 und 8 angedeutet.

Einige einfache Hinweise mögen zur Erläuterung genügen.
Wir versehen Bücherdeckel mit Ecken aus praktischen, aber
auch aus ästhetischen Gründen. Das Eckdreieck weist nach
aufsen und hebt so die Plumpheit und den optischen Schein der
Eingezogenheit der Ecken auf. Wir lassen an Bildern oder
Spiegelrahmen die Ecken heraustreten oder versehen sie mit
schräg nach aufsen weisenden Ornamenten und erreichen
damit den gleichen Zweck. Die Flächen der Spiegel und
Bilder erscheinen freier und weiter. Auch schon die Pro-
filierung des Rahmens mit Stab und Kehle wirkt, sofern sie
die geradlinige Bewegung steigert, in gleicher Richtung.

Wichtiger sind die Veranstaltungen, durch die archi-
tektonische Rechtecke, die Thüren, die Fenster, die Wände,
eines unzulässigen ästhetisch-optischen Scheines entkleidet
werden. Die Wände eines Gebäudes, so nehme ich an, treten
zunächst im Sockel kräftig heraus. Infolge davon scheinen
die nachfolgenden Teile sich kräftiger zusammenzufassen; ihr
Aufsteigen wird ein konzentrierteres, kräftigeres, freieres.
Zugleich müfsten sie gegen ihr oberes Ende hin zu kon-
vergieren oder sich nach innen zu neigen scheinen. Dieser
Schein wird aufgehoben durch die Gegenbewegung des im
allgemeinen schräg heraustretenden abschliefsenden Gesimses.
Dafs es im ganzen schräg heraustritt, läfst es innerlich in höherem
Grade an die Wand gebunden erscheinen; die schräge Bewegung
ist die Fortsetzung der vertikalen Bewegung der Wand, nur
dafs in ihr zugleich die in der Wand überwundene, aber doch
vorhandene Gegenwirkung gegen die Zusammenfassung nach
innen zur Geltung gelangt. Indem dieselbe sichtbar hervorbricht,

gewinnen wir von ihr einen lebendigen Eindruck, der auch den optischen Schein zu überwinden vermag. Freilich nicht jede schräge Ausladung ergiebt den bezeichneten Erfolg mit gleicher Sicherheit. Lasse ich, wie in Fig. 11, an das obere Ende der vertikalen Linie eine einfache Schräge unmittelbar sich ansetzen, so wird dadurch der Eindruck der Neigung nach innen eher verstärkt. Die Vertikale scheint hier, wie wir später — vgl. S. 274 f. — im Zusammenhang sehen werden, durch ihre Neigung der Auswärtsbewegung der Schräge das Gegengewicht halten zu müssen und darum wirklich zu halten. In der That pflegt denn auch in der Architektur an Stelle

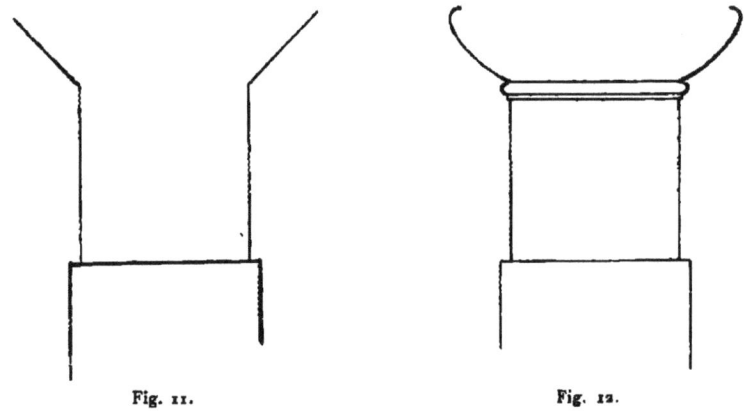

Fig. 11.   Fig. 12.

jener einfachen Schräge ein komplizierteres System zu treten Die Schräge selbst wird ersetzt durch ein selbständigeres und von selbständigerer Bewegung erfülltes Profil, das schon seiner Form nach zur Vertikalen nicht mehr einfach wie Bewegung und Gegenbewegung sich verhalten kann. Zwischen dies ausladende Profil und die Wand tritt ein anknüpfendes, zugleich trennendes und vermittelndes Glied, ein Plättchen, Stäbchen, ein Ring; darunter wird schliefslich noch durch ein analoges Glied, das auch schon die obere Ausladung in gewisser Weise vorbereitet, ein bandartiger Streifen von der Wand abgetrennt und so eine breitere Vermittelung zwischen Wand und oberer

Ausladung geschaffen. Jetzt ist jener Gedanke, dafs die Wand unmittelbar der Schräge das Gegengewicht halte, ausgeschlossen. Das Band ist es, das die Wirkung der Schräge unmittelbar aufnimmt und ihr, der Breite nach sich zusammenfassend, Widerstand leistet. Erst durch das Band hindurch geschieht die Wirkung der Ausladung auf die Wand. In dem durch das Band und die daran sichtbar festgeknüpfte Ausladung gebildeten Ganzen haben wir unmittelbar und in einem Blick das Bild einer ausdehnenden Kraft, die zunächst gebunden, schliefslich doch siegreich hervorbricht. Daraus entsteht, wie wir wissen, die Vorstellung einer Übermacht dieser Kraft, und aus dieser Vorstellung erst erklärt sich die Aufhebung der Konvergenz. Zugleich scheint das ausladende Profil vermöge des zusammenfassenden oder einschnürenden Bandes kräftiger herauszuspringen. — In Fig. 11 fehlt an der Stelle, wo die Schräge wirkt, die Gegenwirkung, die wir durch die Bewegung in der Schräge überwunden denken können; es fehlt darum dieser Bewegung die optische, ebenso wie die rechte ästhetische Kraft. Dafs das in der Architektur an die Stelle tretende kompliziertere System, auch schon abgesehen von dem »Bande«, die behauptete optische Wirkung übt, will Fig. 12 zeigen. Der Schein der Konvergenz ist bei ihr verschwunden.

Der Eindruck der Neigung der Wand wird stärker oder schwächer sein, je nach der Art und dem Grade der Ausladung ihrer Basis. Er ist sehr deutlich, wenn wir den ionischen Fries, der auf dem successive nach aufsen drängenden Architrav aufsteht, ohne das abschliefsende Gesims betrachten. Durch die bezeichnete Art der Ausladung des Architravs erhöht sich der Eindruck der nach innen wirkenden, am unteren Ende noch gebundenen Kraft des Frieses. Der Schein der Neigung bleibt bestehen, wenn man in einer Zeichnung des fraglichen Frieses die weit überhängende Platte unmittelbar, d. h. ohne jenes ausladende Gesims auf dem Fries aufliegen läfst. Nebenbei bemerkt, entspricht es der geringen Höhe des Frieses, wenn hier, wie in obiger Figur, das »Band« in das anknüpfende Glied zusammenschrumpft.

In modernen Bauten fällt jene Neigung nach innen oft genug auf bei Halbgeschossen, die ohne eigenes kräftiges Kranzgesims über dem kräftig ausladenden Hauptgesims eines Gebäudes als letzter Abschlufs sich erheben, oder bei Balustraden, die auf das kräftig ausladende flache Dach aufgesetzt sind. Dem Schein kann man hier aber auf anderem Wege zu begegnen suchen, nämlich durch frei nach oben weisende Gebilde, die auf die Ecken bezw. Pfeiler aufgesetzt werden und deren Höhentendenz vermehren. Auch aufwärtsweisende Formen haben ja aufrichtende Kraft; ja sie haben sie natürlich in erster Linie. Die Türme oder Türmchen, die Fialen, Erker des gotischen oder gotisierenden Stils zeigen dies zur Genüge.

Jenes oben bezeichnete Zusammenwirken der schrägen Ausladung mit dem darunter herlaufenden Band begegnet uns in der Architektur, und den technischen Künsten überhaupt, in den mannigfachsten Modifikationen. In sehr eigenartiger Gestalt beispielsweise bei der dorischen Säule. Es tritt bei ihr auf als Zusammenwirken und Gegeneinanderwirken von Echinus und Abakus einerseits und Hypotrachelion andererseits, oder von Säulenkopf und Säulenhals mit den dazu gehörigen, trennenden und zugleich anknüpfenden, in jedem Falle zusammenfassenden Ringen und Einschnürungen. Es ist nach Fig. 9 kein Zweifel, läfst sich aber auch durch genaue Zeichnung und Vergleichung von dorischen Säulen mit und ohne Ringe und Einschnürungen direkt zeigen, dafs die Ringe, die den Echinus an seinem unteren Ende zusammen- assen, den Echinus kräftiger herausspringen lassen, und dafs daraus zugleich dem Hals, auch optisch, eine gröfsere Breite und Gedrungenheit erwächst. Andererseits wirken die Einschnürungen, die Hals und Schaft verbinden und trennen, auf letzteren, wiederum nicht nur ästhetisch, sondern auch optisch;

beides um so mehr, je gröfser die Anschwellung des Schaftes ist. Diese Anschwellung oder Ausbauchung wird nach oben zu durch die innere Gegenwirkung der Säule allmählich aufgehoben. Der Gefahr des Auseinandergehens wird noch in besonderer Weise begegnet an der Stelle, wo dies speziell erforderlich scheint, also unter dem Kapitäl. Die Einschnürungen leisten der auseinandertreibenden Kraft der Schwere passiven Widerstand. Dies läfst den Schaft am oberen Ende scheinbar stärker herausquellen, so dafs die Ausbauchung weiter nach oben geschoben erscheint; zugleich wird der Schaft an der Stelle der Einschnürung verbreitert. Das ganze Gebilde erscheint kräftiger, gedrungener, stämmiger. Insbesondere entsteht an der Stelle der Einschnürung der Eindruck aufserordentlicher innerer Spannung und sicherer Festigkeit.

Zum Eindruck gröfserer Gedrungenheit gehört auch die scheinbare Verkürzung des Schaftes, die gleichfalls durch die Einschnürung bedingt ist. Jede Einschnürung hat, weil sie die Bewegung in der dazu senkrechten Richtung, in unserem Falle die Bewegung nach oben, hemmt, diesen Erfolg. Die Einschnürung ist allemal Ruhe, Sammlung, also das Gegenteil der Bewegung.

Krummlinige Grundformen.

Der ausgebauchte Säulenschaft schlägt uns die Brücke zu einer genaueren Betrachtung derjenigen Formen, die in der unendlichen Menge der krummlinigen Formen die eigentlichen Grundformen sind. Ich meine damit die reine Einziehung und die reine Ausbauchung, Kehle und Rundstab, Trochitus und Torus.

Die Einziehung -- Fig. 14 — drängt oder schmiegt sich nach innen, elastischen Widerstand überwindend, damit zugleich mehr und mehr hervorrufend. Sie gelangt zu einem Punkte der höchsten Spannung, von dem an das Verhältnis der Kräfte sich umkehrt. Die elastische Rückwirkung hat

das Übergewicht gewonnen; und so kehrt das Gebilde auf
demselben Wege, auf dem es aus seiner ursprünglichen Gleichgewichtslage heraustrat, wiederum in dieselbe zurück. — Was
ich hier sage, ist nur ein unzureichender Ausdruck für ein
streng gesetzmäfsiges Geschehen.

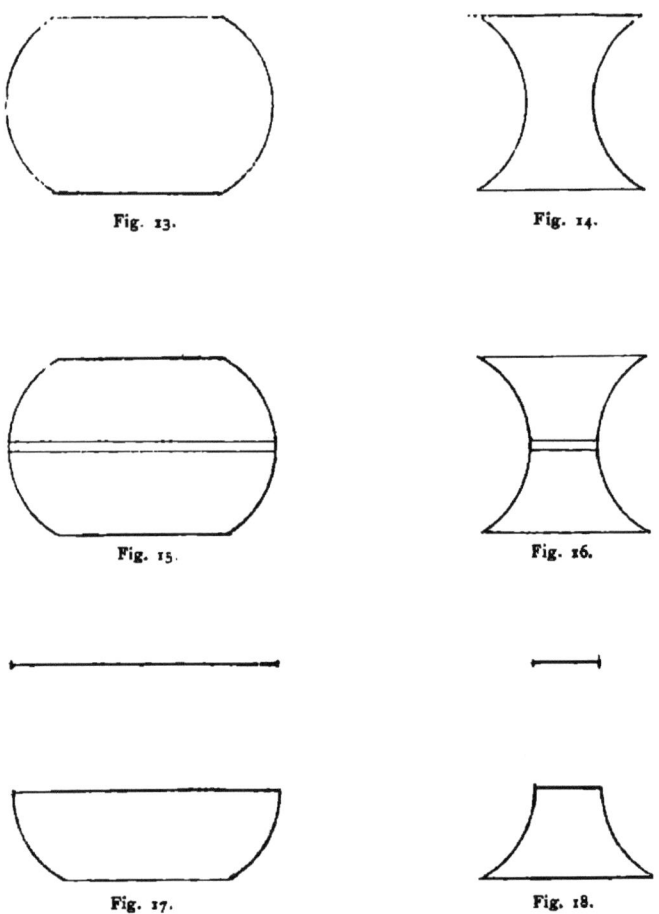

Fig. 13.   Fig. 14.

Fig. 15.   Fig. 16.

Fig. 17.   Fig. 18.

Dagegen sehen wir den Wulst in Fig. 13 einem Druck
nachgeben und aus sich heraustreten, dann von einem Punkte
der gröfsten Spannung aus gleichfalls sich zur Gleichgewichtslage zurückwenden.

Vergleichen wir beide Formen im Ganzen, so erscheint

jene als Ausdruck freier oder aktiver Gegenwirkung gegen den Druck, diese als Ausdruck passiven Widerstandes. Jene schliefst mit der Bewegung nach innen zugleich eine Bewegung nach oben in sich. Das Drängen der Masse nach innen oder die innere Konzentration der Kraft drängt das Gebilde nach oben. Diese schliefst ebenso mit der Bewegung nach aufsen zugleich eine Bewegung nach unten in sich. Darum erscheint jene Form höher, diese niedriger; jene oben und unten enger, diese weiter, als das Quadrat, dessen Ecken die Endpunkte der krummen Linien bilden.

Gleichzeitig wird die Breite der Einziehung in der Mitte nicht, wie man erwarten könnte, unterschätzt, sondern überschätzt, ebenso die Breite des Wulstes in der Mitte nicht überschätzt, sondern unterschätzt. Die geraden Horizontallinien unter Fig. 15 und Fig. 16 geben die wirkliche Gröfse ·dieser Distanzen an und lassen jene Über- bezw. Unterschätzung deutlich erkennen.

Auch dieser Thatbestand folgt aus der Entstehungsweise der beiden Formen oder den Kräften, die wir in ihnen wirksam denken, mit Notwendigkeit. In der Einziehung, sagten wir, rufe die nach innen drängende Kraft nach der Mitte zu eine stärkere und stärkere Gegenwirkung hervor; in der Mitte selbst sind beide Kräfte sich gleich. Auch hier besteht eine Art von Gleichgewichtszustand; nur freilich nicht der natürliche oder ursprüngliche Gleichgewichtszustand der an den Enden stattfindet. Wie aber der Gleichgewichtszustand der Enden im Begriffe ist, durch die Bewegung nach innen, so ist dieser Gleichgewichtszustand der Mitte im Begriffe, durch die Bewegung nach aufsen aufgehoben zu werden. Dort sind wir vom Gedanken an die Bewegung nach innen, hier ebenso vom Gedanken der notwendigen Rückkehr nach aufsen beherrscht. Die Kraft, die von der Mitte an nach auswärts treibt, und die nach innen wirkende Kraft überwindet, hat in der Mitte ihren eigentlichen Sitz; dort eigentlich findet sich der Antrieb zur Auswärtsbewegung. Indem wir diesem Antrieb in unserer Vorstellung folgen, entsteht an dieser Stelle die Überschätzung der Breite. Sie hat, wie sonst, ihren Grund in der Übermacht des Gedankens an eine vorhandene Kraft, oder, was dasselbe sagt, in der Übermacht dieser Kraft innerhalb unserer Gedanken. Ist die Kraft innerhalb unserer Gedanken übermächtig, so muſs sie die Übermacht auch beweisen, d. h. in unseren Gedanken den entsprechenden Erfolg haben.

Wir haben hier nur von der Mitte gesprochen, als ob nur die Weite der Mitte überschätzt würde und nicht vielmehr die Überschätzung der Weite nach der Mitte zu — aus der ursprünglichen Unterschätzung heraus — allmählich entstände und wüchse. Indem wir dies Versäumnis nachholen, drücken wir zugleich auch das eben Gesagte noch etwas anders aus.

In der That müssen wir schon vor der Mitte vorzugs-weise unter dem Eindruck der nach aufsen treibenden Kraft stehen. Dafs wir die Kraft nach der Mitte zu wachsen, die Kraft der Einziehung nach der Mitte zu abnehmen sehen, läfst jene Kraft schon auf dem Wege zur Mitte in unseren Gedanken mehr und mehr über die Kraft der Einziehung das Übergewicht gewinnen. Auch im praktischen Leben pflegt ja vorzugsweise die wachsende Kraft uns in Anspruch zu nehmen. Wir sympathisieren mit ihr [1] und vertrauen ihr vor der abnehmenden. Wir eilen der Zunahme der einen, ebenso der Abnahme der anderen Kraft in unseren Gedanken voraus, so wie wir auch sonst Bewegungen, die einmal angefangen haben, in Gedanken vorauseilen. Wir antizipieren das Wachsen und Abnehmen und glauben, den Erfolg, den wir erwarten und erwarten müssen, eben weil wir ihn erwarten, schon eintreten zu sehen. Vielmehr, indem wir ihn erwarten oder voraussetzen, haben wir ihn in unseren Gedanken schon, wir brauchen ihn nicht mehr zu vollziehen, sondern er ist schon vollzogen.

Aus denselben Gründen ergiebt sich bei der Ausbauchung

der umgekehrte Erfolg. Es dient aber vielleicht der Sache, wenn ich hier den Sachverhalt wiederum anders formuliere. Bei der Ausbauchung wird, wie oben gesagt, durch die Bewegung nach aufsen eine stärkere und stärkere Tendenz der Rückkehr nach innen erzeugt. Damit wird jene Bewegung mehr und mehr gehemmt. Wir unterliegen, wenn wir die Breitenausdehnungen von den Enden nach der Mitte zu untereinander vergleichen, mehr und mehr dem Eindruck der Hemmung, mit der die Breitenausdehnungen zu kämpfen haben. Nun wissen wir, dafs der Erfolg der freien und hemmungslosen Bewegung uns gröfser erscheint, als der Erfolg der gehemmten oder nur mit innerer Anstrengung sich vollziehenden. Also mufs die Breitenausdehnung nach der Mitte zu, im Vergleich mit gleich grofsen Linien, die sich frei in die Breite strecken können — und solche sind die Horizontallinien unter den Wülsten in Fig. 13 und Fig. 15 — geringer erscheinen.

Die ausgesprochene Anschauung erfährt eine auffallende Bestätigung, wenn wir die neue optische Täuschung ins Auge fassen, der wir bei Fig. 15 und Fig. 16 im Vergleich mit Fig. 13 und Fig. 14 begegnen. Bei Fig. 16 bedingen die Horizontallinien — es könnte auch jedesmal nur eine einzige sein — eine scheinbare Verringerung, bei Fig. 15 eine scheinbare Vergröfserung der mittleren Breite. Zugleich sind beide Gebilde niedriger geworden. Die Erklärung ist im Grunde schon gegeben. Die Einziehung in Fig. 14 verdankt ihre relativ grofse mittlere Breite, oder kurz ihre mittlere Ausweitung der durch die Kraft der Einziehung hervorgerufenen Tendenz der Rückkehr in die natürliche oder ursprüngliche Gleichgewichtslage; ebenso die Ausbauchung in Fig. 13 ihre relativ geringe mittlere Ausbreitung, oder kurz, ihren mittleren Zusammenhalt der durch die Bewegung nach aufsen hervorgerufenen Tendenz der Rückkehr in jene Gleichgewichtslage. An das Vorhandensein, also auch an die Wirkung dieser Tendenz,

können wir aber nur glauben, sofern uns die Gebilde als einheitliche erscheinen, sofern insbesondere die Bewegung von
unten nach oben als eine stetige, in einem einzigen ununter-
brochenen Zuge geschehende sich darstellt. Nur unter dieser Bedingung kann das untere und obere Ende wirklich als derselbe
natürliche Gleichgewichtszustand eines und desselben Gebildes und die Veränderung nach der Mitte zu als successive
Aufhebung und aus der Aufhebung von selbst sich ergebende,
nämlich stetig daraus herauswachsende Wiederherstellung eben
dieses Gleichgewichtszustandes erscheinen. Dagegen gewinnen
wir ein vollständig anderes Bild, wenn die Bewegung in der Mitte
unterbrochen ist. Die Unterbrechung ist relatives Ende und
relativ neuer Anfang oder Ansatz. Sofern die Querlinien
unterbrechend wirken, erscheinen die Hälften beider Figuren
aus dem einheitlich stetigen Zusammenhang gelöst, die untere
hat in der Mitte ihr Ende erreicht, die obere beginnt von da.

Damit stehen sie unter einem völlig anderen Gesetz.
Die Hälften von Figg. 15 und 16 erscheinen im gewissen Grade
in demselben Lichte, wie die Gebilde in Fig. 17 und Fig. 18,
die nichts sind, als die ganz und gar isolierten Hälften der
Figg. 15 und 16. Nun gilt die selbstverständliche Regel
daſs in jedem für sich stehenden, nach oben sich ent-
wickelnden Gebilde der Zustand am oberen Ende der
Zustand des natürlichen Gleichgewichts ist. Wäre es nicht
so, so könnte ja das Gebilde in dem Zustand nicht bleiben,
der Zustand könnte also nicht Endzustand oder Abschluſs
des Gebildes sein. Unterscheidet sich von diesem Endzustand
der Anfangszustand, so ist das Gebilde in seinem Anfang aus
dem natürlichen Gleichgewicht herausgenötigt. So hat auch
das Gebilde in Fig. 18 an seinem unteren Ende eine Ausweitung,
das Gebilde in Fig. 17 eine Einschnürung sich gefallen
lassen müssen. Beide drängen sie dann, indem sie sich nach
oben entwickeln, in den natürlichen Gleichgewichtszustand
zurück. Und sie thun dies, lediglich ihrem natürlichen

Streben folgend, also, wenn nicht absolut, wovon später, so doch .im Vergleich mit den Gebilden in Figg. 13 und 14 frei und hemmungslos. Daraus ergiebt sich ein scheinbar gröfserer Erfolg der Bewegung nach aufsen bezw. innen, also eine gröfsere scheinbare Weite, bezw. Enge im Vergleich mit den eben genannten Figuren. Zugleich scheint sich notwendig ihre Höhe zu vermindern. Das Herausgehen aus der Einschnürung, das Sichgehenlassen in die Breite in Fig. 17 mufs diesen Erfolg nicht minder haben, als die freie Rückkehr nach innen in Fig. 18. — Man vergleiche übrigens, was über beide Figuren später — S. 259 f. — ergänzend gesagt werden wird.

Denselben ästhetischen Eindruck nun, den die völlig isolierten Hälften der Einziehung und des Wulstes machen, müssen in gewissem Grade auch die durch die horizontalen Linien relativ aus ihrem Zusammenhang gelösten Hälften in Fig. 15 und 16 machen. Die letzteren müssen damit auch an dem optischen Eindruck der ersteren teilnehmen. Noch besonders kann darauf aufmerksam gemacht werden, dafs in Fig. 16 die Auswärtsbewegung, in Fig. 15 die Einwärtsbewegung jenseits der Horizontallinien rascher, d. h. in stärkerer Biegung sich vollzieht, als in den von den Horizontallinien freien Gebilden. In Fig. 16 erscheint die Kurve etwas nach innen, in Fig. 15 etwas nach aufsen geknickt. Es fehlt eben in beiden Fällen in gewissem Grade die haltende und die Linien relativ streckende Wirkung der Kraft, die in Figg. 14 und 13 der Auswärtsbewegung bezw. Einwärtsbewegung entgegensteht.

Freie Konvergenz und Divergenz.

Fassen wir in Figg. 13 und 14 die Überschätzung bezw. Unterschätzung der oberen und unteren und die Unterschätzung bezw. Überschätzung der mittleren Breite für sich ins Auge, so könnten wir in Versuchung geraten, an die

Stelle der gegebenen ästhetischen eine rein optische Erklärung
der bezeichneten Täuschungen zu setzen. Ich meine folgende.
Die beiden krummen Linien von Fig. 14 nähern sich einander
von den Enden nach der Mitte zu oder entfernen sich voneinander von der Mitte nach den Enden zu allmählich.
Wegen dieser Allmählichkeit übersehen wir die Annäherung
oder Entfernung teilweise, wir unterschätzen also den Unterschied der Distanzen, schätzen insbesondere die untere und
obere Weite zu klein. Aus gleichem Grunde schätzen wir
die untere und obere Weise in Fig. 13 zu grofs. Natürlich
schätzen wir zugleich die mittlere Breite dort zu grofs, hier
zu klein. — Diese Erklärung ist unmöglich oder genügt zum
mindesten nicht. Sollte sie als eine genügende gelten, so
müfste in ganz derselben Weise auch die obere Breite von
Figg. 17 und 18 unterschätzt bezw. überschätzt werden. Die
Täuschung ist aber hier, wenn sie auch nicht völlig fehlt,
wovon später, doch eine wesentlich geringere.

Zugleich verweise ich hier auch schon auf die Figg. 19
und 20, die später — S. 296 — noch besonders zu besprechen
sein werden. In beiden werden Distanzen allmählich weiter
und enger. Auch hier also müfste eine Unterschätzung des
Grades der Distanzveränderung stattfinden. Aber daraus
könnte sich nichts anderes ergeben, als das Bild einer wechselseitigen Annäherung der Geraden an die Kreisbogen und umgekehrt. Statt dessen scheinen in Fig. 19 die Geraden an
den Enden sich von den Kreisbogen hinwegzubewegen, also
sich einander zu nähern; die Kreisbogen ihrerseits wenden sich,
wo sie sich von den Graden entfernen, mit auffallend plötz-
licher Biegung von ihnen hinweg, so dafs sie an der Stelle,
wo sie den Geraden am nächsten kommen, gegen die Geraden
zu etwas eingeknickt erscheinen. Dies entspricht gewifs nicht
dem Bild einer durchgängigen, die Entfernungsunterschiede
ausgleichenden wechselseitigen Annäherung.

Noch auffallender aber ist, dafs Fig. 20 nicht das entgegengesetzte, sondern ein ähnliches Bild zeigt. Auch hier sind die geraden Linien von den Kreisbogen scheinbar weg-. gebogen, und wiederum ist die Art, wie die Kreislinien von ihnen zurückweichen, eine besonders schroffe. — Diese That-bestände genügen, um zu zeigen, dafs es ein allgemeines Ge-setz der Unterschätzung der allmählich geschehenden Ver-gröfserung oder Verringerung von Distanzen nicht giebt.

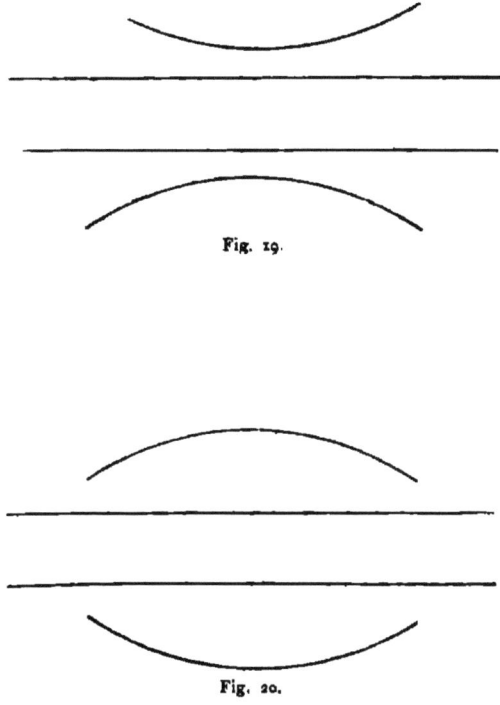

Fig. 19.

Fig. 20.

Dennoch ist es zweifellos, dafs, wie in Figg. 13 und 14, so in vielen anderen Fällen, der Grad der allmählich sich vollziehenden Distanzveränderung von uns unterschätzt wird. So bei Fig. 21, die mit Fig. 13 Ähnlichkeit hat. Die Figur erscheint ebenso wie jene früher besprochene in der Mitte enger, oben und unten weiter, als sie erscheinen müfste. Es findet hier, wie dort, eine »absolute« Unterschätzung, bezw. Über-schätzung der betreffenden Breitendistanzen statt. Man ver-

gleiche die Figur mit dem daneben und dem darunter stehen-
-den Rechteck. Ebenso wird in Fig. 24 der Unterschied
der oberen und unteren Distanz unterschätzt, also jene für
größer, diese für kleiner gehalten, als sie ist. Besonders auffallend ist die Sache bei den nebeneinanderstehenden und
einander gleichen Gebilden in Fig. 25. Die rechte Weite des

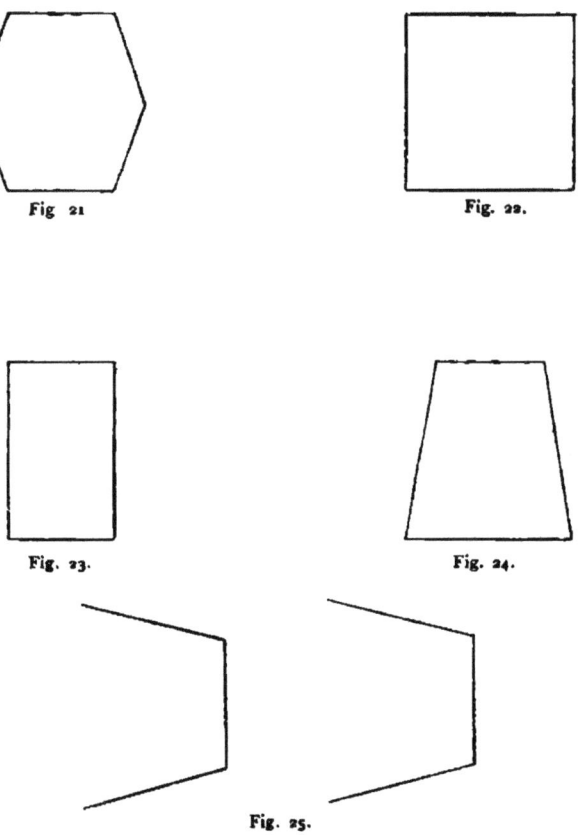

Fig 21.   Fig. 22.

Fig. 23.   Fig. 24.

Fig. 25.

rechten Gebildes scheint von der linken Weite desselben Gebildes weniger verschieden, als sie ist. Dagegen wird das
Verhältnis zwischen der rechten Weite des linken Gebildes
und der linken Weite des rechten richtig erkannt. Infolge
davon erscheint das rechte Gebilde beträchtlich weiter, als
das linke. Daß die Täuschung wirklich eine Unterschätzung

des Distanzunterschiedes in sich schliefst, ergiebt sich besonders deutlich, wenn wir, wie in Fig. 26 geschehen is die gröfsere Enddistanz zweier divergierender Linien durch angefügte gerade Linien auf die geringere reduzieren. Die reduzierte erscheint dann wesentlich kleiner.

Nicht minder liegt eine Unterschätzung von Distanzunter, schieden vor, wenn Fig. 28 in der Mitte und oben breiter, dagegen Fig. 29 enger erscheint, als ein gleich breites Rechteck.

Ebenso könnte es endlich auf solche Unterschätzung zurückgeführt werden, wenn in Fig. 27 die obere Weite geringer erscheint, als die untere. Die gröfste Breite des Gebildes nähert sich der unteren allmählicher, der oberen weniger allmählich. Infolge davon nähern wir ihr in Gedanken die untere Breite mehr, als die obere.

Damit stehen wir vor einem Scheinwiderspruch, der doch leicht gelöst ist. Allmähliche Distanzveränderung ist mit Unterschätzung des Distanzunterschiedes verbunden und ist gelegentlich auch nicht damit verbunden. In vielen Fällen' scheint die Annahme, dafs wir allmähliche Distanzveränderungen teilweise übersehen, zur Erklärung unseres Verhaltens solchen Distanzveränderungen gegenüber zu genügen; in anderen genügt sie ganz und gar nicht. Daraus schliefsen wir, dafs wir den Grund dieses Verhaltens tiefer suchen, und wie bei Einziehung und Wulst, so auch bei den jetzt eben erwähnten Formen andere Faktoren verantwortlich machen, oder zum mindesten mitsprechen lassen müssen. Als solcher tieferer Grund oder hinzutretender Faktor ergiebt sich aber kein anderer als der, in welchem alle bisher geltend gemachten zusammentreffen: der Einflufs der in unserer Vorstellung dominierenden Kraft und Kraftwirkung. Die allmähliche Distanzveränderung wirkt, sofern sie mit diesem gedanklichen Faktor verbunden ist. Sie selbst ist gar kein neues erklärendes Moment.

Konvergierenden oder divergierenden Linien ist_die Be-

wegung in der mittleren Richtung gemeinsam. Diese Bewegung erscheint damit in gröfserem oder geringerem Grade
als die dominierende. Weichen die Linien nach rechts und
links in gleicher Weise von der vertikalen Richtung ab, so
ist die vertikale Bewegung die dominierende Bewegung des
Liniensystems. So wird niemand anstehen, das Gebilde in
Fig. 24 als ein nicht nur in gewisser vertikaler Ausdehnung
sich haltendes, sondern als ein sich aufrichtendes zu bezeichnen. Richtet sich nun aber das Gebilde auf, so nähern
sich die schrägen Linien der parallelen Lage. Zugleich überschätzen wir die Höhe in sehr viel stärkerem Mafse, als wir
sonst Höhen überschätzen.

Das Gleiche gilt hinsichtlich der Überschätzung der unteren

Fig. 26.   Fig. 27.

horizontalen Distanz im Vergleich zur oberen und zugleich
der Höhe gegenüber der Breite in Fig. 27. Wir brauchen
die Form nur mit der Form von Fig. 13 zu vergleichen, um
zweifellos den Eindruck zu gewinnen, dafs in ihr nicht
ein Nachgeben und passives Widerstehen gegen die Wirkung
der ausbreitenden Kraft, sondern ein Überwinden derselben,
also eine Bewegung nach oben sich vollziehe. Speziell die
Kurven in ihrem unteren Verlauf erwecken diese Vorstellung.
Demgemäfs richten wir dieselben in unseren Gedanken am
unteren Ende steiler. Dagegen scheinen sie in ihrem oberen
Verlauf zusammenzusinken, nur ihrem natürlichen Streben folgend in die Gleichgewichtslage zurückzukehren; vom Gedanken
an diese Bewegung beherrscht, rücken wir die oberen Enden
zusammen.

Das Gesagte bedarf nun aber noch mancherlei näherer Bestimmungen. Zunächst, was die Überschätzung der Höhe angeht. Wir überschätzen die Höhe von Fig. 24 nicht nur im Vergleich zu ihrer Breite, sondern auch, wie der Vergleich mit dem darüberstehenden Quadrat zeigt, absolut. Dies erklärt sich nicht so ohne weiteres aus der gedanklichen Aufrichtung der schrägen Linien. Wir könnten die schrägen Linien steiler stellen und doch bei Betrachtung des ganzen Gebildes den Eindruck der wirklichen Höhe haben. Bei Fig. 21 verhält es sich sogar thatsächlich so. Der Vergleich mit dem daneben- und dem darunterstehenden Rechteck, die in ihrer Breite mit der mittleren bezw. oberen und unteren Weite von Fig. 21 übereinstimmen, ergiebt, wie schon gesagt, eine scheinbare Verengerung in der Mitte und Erweiterung an den Enden. Und doch erscheint die Figur nicht höher, als die Rechtecke in Figg. 22 und 23, sondern eher niedriger.

Bleiben wir zunächst bei Fig. 24. Auch am einfachen Rechteck wird die Höhe gegenüber der Breite überschätzt; es scheint, indem es sich aufrichtet, die niederdrückende und zugleich in die Breite drängende Wirkung der Schwere zu überwinden. Aber wir haben von diesem Vorgang keineswegs den denkbar unmittelbarsten Eindruck. Wir sehen die niederdrückende Wirkung der Schwere nicht, und die Ausdehnung in die Breite hängt mit der Höhenausdehnung nur mittelbar zusammen. Die Vertikale an sich hat mit Breitenausdehnung nichts zu thun; und das ganze Gebilde dehnt sich zwar in die Breite, aber die Breitenausdehnung ist gegenüber der Höhe fürs Auge etwas völlig Selbständiges, ganz und gar eine Sache für sich.

Durchaus anders verhält es sich mit der schrägen Linie und dem schräglinig begrenzten Gebilde. Hier ist die Breitenrichtung und Breitenausdehnung unmittelbar in den sich aufrichtenden Linien mitgegeben und wird von ihnen im Akte des Sichaufrichtens selbst überwunden. Auch im ganzen

3

Gebilde ist die Breitenausdehnung nicht mehr als etwas für
sich' Bestehendes, sondern nur als etwas, das überwunden
wird, vorhanden. Nun wissen wir, beispielsweise aus der
ästhetisch-optischen Wirkung der Einschnürungen, müfsten es
übrigens auch abgesehen davon als selbstverständlich ansehen,
dafs der Eindruck einer Thätigkeit sich steigert, wenn uns
mit der Thätigkeit zugleich die Gegenwirkung, die durch sie
überwunden wird, entgegentritt. Letzteres ist hier in besonderem Mafse der Fall. So unmittelbar als irgend möglich,
ist mit dem Eindruck der vertikalen Thätigkeit der Eindruck
der durch sie zu überwindenden und thatsächlich überwun-
denen Tendenz der Ausdehnung in die Breite verbunden.
Daher kommt es, dafs wir hier in ganz besonderer Weise
den Eindruck des Emporstrebens und siegreichen Sichaufrichtens, oder allgemeiner, der Thätigkeit in der den schrägen
Linien gemeinsamen Richtung haben. Nicht an sich, aber
im Vergleich mit Fig. 24 scheint das darüberstehende Rechteck
nur einfach in seiner Höhenausdehnung zu verharren.

Diese Thätigkeit des Sichaufrichtens nun erscheint in
Fig. 21 gehemmt. Die unteren und die oberen schrägen
Linien haben die Freiheit ihrer Bewegung verloren. Die
oberen erheben sich nicht spontan, sondern stützen sich auf die
unteren oder gehen daraus hervor, die unteren üben gegen
die oberen ein Gegengewicht oder lassen sie aus sich hervorgehen. Welchen dieser Ausdrücke wir auch wählen mögen,
in jedem Falle ist deutlich, dafs in die Linien, die unteren
wie die oberen, durch ihre Wechselbeziehung ein Konflikt
hineinkommt, eine innere Spannung, die das Gegenteil des
freien Sichaufrichtens ist. Dadurch wird die relative Überschätzung der vertikalen Ausdehnung nicht vermindert. Die
vertikale Ausdehnung erscheint ja hier, eben wegen der
Gegeneinanderbewegung der unteren und oberen schrägen
Linien, erst recht als die über die Breitenausdehnung dominierende. Wohl aber mufs die absolute Höhe des Gebildes

vermindert erscheinen. Das Gebilde bekommt im ganzen im Vergleich zu Fig. 24 einen Charakter des Eingeengten, Mühsamen, Gebundenen.

Im Vergleich mit den zuletzt genannten Figuren scheinen Figg. 28 und 29 unter einen besonderen Gesichtspunkt zu fallen. Die mittlere und obere Breite wird bei jener beträchtlich überschätzt, bei dieser in geringerem Mafse unterschätzt. Zugleich erscheint bei jener die Höhe gröfser, bei dieser geringer, als bei dem gleich hohen Rechteck. Der Fall ist derselbe, wie bei den gleichartigen Gebilden in Figg. 17 und 18. Von den letzteren war schon die Rede. Es kam uns aber bei ihnen ehemals nur darauf an, dafs sie wegen des Mangels der elastischen Rückwirkung, die in den

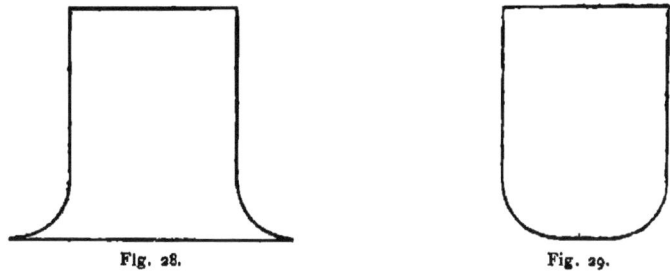

Fig. 28.   Fig. 29.

Figg. 13 und 14 stattfindet, beide niedriger erscheinen, als diese, und dafs zugleich Fig. 17 oben breiter geschätzt wird, als Fig. 13, dagegen Fig. 18 schmäler, als Fig. 14. Dagegen nahmen wir dort noch keine Rücksicht darauf, dafs doch zugleich, absolut betrachtet, die eben bezeichneten Über- und Unterschätzungen stattfinden, dafs vor allem Fig. 17 oben etwas weniger breit erscheint, als die darüber gezeichnete gerade Linie, Fig. 18 etwas breiter, als die Linie, die seine wirkliche obere Breite bezeichnet.

Bleiben wir indessen zunächst bei unseren Figuren 28 und 29. Die Überschätzung der oberen Breite der ersteren, und die Unterschätzung der oberen Breite der letzteren sind, wie schon oben gesagt, Beispiele der Unterschätzung des

Grades allmählicher Distanzveränderungen. Dagegen scheinen
sie mit unserem allgemeinen Erklärungsprinzip unverträglich.
Man könnte sagen: In jener wird die untere zwangsweise
Ausbreitung durch die Bewegung nach innen überwunden.
Der Erfolg der eine vorhandene Gegenwirkung überwindenden
Kraft erscheint gröfser; also mufs die Figur schmäler er-
scheinen. Aus völlig analogem Grunde mufs Fig. 29 für
breiter gehalten werden.

In der That ist es so : Der Erfolg der siegreichen Kraft
wird überschätzt — nämlich da, wo die Kraft unmittelbar als
siegreich sich darstellt; wo dieser Eindruck schwindet, erfolgt
ebenso sicher die Reaktion.   Wir kennen schon Beispiele für
die allgemeine Regel, dafs die abnehmende Kraft in ihrem
Erfolg oder ihrer Leistung unterschätzt, die zunehmende überschätzt wird.   Man denke an das über „Einziehung" und
„Wulst" auf Seite 31 ff. Gesagte.

Dafs eine solche Reaktion sich in unserer Phantasie wirklich
vollzieht, zeigt auch, wie ich hier nachträglich bemerke,
Fig. 9 im Vergleich mit Fig. 10.   Indem in jener bei der
Betrachtung von unten nach oben die Vorstellung der
Gegenbewegung gegen die einschnürende oder den Eindruck
der Einschnürung vermehrende horizontale Linie weicht, also
der Eindruck des gewaltsamen Auswärtsdrängens sich vermindert, verwandelt sich die ursprüngliche Überschätzung der
Ausbauchung in eine Unterschätzung; die Kurven verlaufen
in ihrer oberen Hälfte scheinbar gestreckter, als die entsprechenden Kurventeile in Fig. 10, nähern sich also einander
stärker: die Weite der oberen Hälfte von Fig. 9 erscheint
geringer als die von Fig. 10.   Der obere Teil der
Fig. 9 gewährt so das entgegengesetzte Bild, wie der untere.
Wir verstehen aber den Grund.   Das Auswärtsdrängen des
Gebildes, das als Gegenwirkung gegen die einschnürende
Linie erschien, findet wiederum seine Gegenwirkung in der
natürlichen Kraft der Zusammenfassung, die jedem geschlossenen

Gebilde notwendig eignet. Während jene Auswärtsbewegung
abnimmt, nimmt diese Gegenwirkung zu. Und sie nimmt
m so rascher zu, je stärker die Bewegung nach aufsen war.
avon ist die Überschätzung der Einwärtsbewegung oder die
nterschätzung der Ausbauchung und Weite des oberen
tiles von Fig. 9 im Vergleich mit Fig. 10 die notwendige
olge.

Etwas Ähnliches findet nun auch bei unseren Figg. 28
und 29 statt. Die erstere zieht sich zusammen, und
der Erfolg dieser Thätigkeit wird zunächst überschätzt: wir
unterschätzen die untere Weite von Fig. 28, so gut wie die
von Fig. 24. — Die Einwärtsbewegung geschieht aber nicht
plötzlich, sondern allmählich. Also hat sie eine Gegenwirkung zu überwinden. Diese Gegenwirkung ist nicht von
der besonderen Art wie die Gegenwirkung, die bei der Einziehung — Fig. 13 — durch die Bewegung nach innen erst
ins Dasein gerufen wird. Sie ist vielmehr nur die Wirkung
des natürlichen und in jedem ausgedehnten Gebilde von vornherein vorhandenen Ausdehnungsbestrebens. Dies Ausdehnungsbestreben nun ist nicht nur vorhanden, sondern es mehrt
sich sichtlich von Punkt zu Punkt. Dagegen erlahmt die
Kraft der Einwärtsbewegung. Also mufs hier der Eindruck
des Ausdehnungsbestrebens sich steigern, der Eindruck der
Einwärtsbewegung entsprechend sich vermindern. Wir
schätzen auch hier die Kraft höher, die in sich die Fähigkeit
der Steigerung enthält, diejenige geringer, die nicht einmal
sich zu erhalten vermag. In dem stärkeren Hervortreten
nun des Gedankens des Ausdehnungsbestrebens, nachdem
ursprünglich die Einwärtsbewegung in unserer Vorstellung
dominiert, dann aber ihre Vorherrschaft allmählich aufgegeben
hat, besteht in unserem Falle die fragliche »Reaktion«. Das
Ende ist, dafs beide Kräfte, wo sie im Gleichgewicht sind,
eben darum nicht im Gleichgewicht scheinen, sondern die
nach auswärts drängende für uns das Übergewicht gewonnen

hat. — Dafs wir in Fig. 28 thatsächlich die Abnahme der einwärtswirkenden Kraft oder das Wachstum der Gegenwirkung überschätzen oder ihm »vorauseilen«, so dafs wir schliefslich zur Vorstellung des Übergewichtes der letzteren gelangen müssen, davon überzeugt man sich am unmittelbarsten durch Betrachtung der Kurve selbst. Sie ist thatsächlich ein Kreisbogen. Sie scheint aber dem Mittelpunkte dieses Kreisbogens nach oben zu näher zu rücken.

Auch die Überschätzung der Höhe der Fig. 28 ist uns jetzt verständlich. Sie ist geringer, als bei der »Einziehung«, weil sie keine gleich energisch wirkende Ursache hat; sie beruht aber doch auf einem ähnlichen Grunde. Auch hier wird durch die Bewegung nach innen die Masse nach oben gedrängt, oder wenn man diesen Ausdruck zu »massenhaft« finden sollte, die stärkere und stärkere innere Zusammenfassung oder Konzentration erzeugt oder ermöglicht eine kräftigere Aufwärtsbewegung. Der Erfolg ist hier geringer, weil die Einwärtsbewegung nicht spontane Thätigkeit, sondern natürliche Reaktion ist. Dafs diese Reaktion eine gewaltsame Ausbreitung voraussetzt und diese vielmehr das Gebilde sich nach unten senken lassen müfste, thut nichts zur Sache. Was wir in dem Gebilde, wenn wir seinen Verlauf in der natürlichen Richtung, also von unten nach oben, verfolgen, wahrnehmen oder wahrzunehmen glauben, ist in jedem Falle Einwärtsbewegung, also Aufwärtsbewegung. Und dieser folgen wir wiederum in unserer Phantasie oder eilen ihr voraus.

Die Überschätzung der Höhe bleibt auch bei Umkehrung der Figur. Der Eindruck ist hier ein anderer, aber er hat gleichartige Wirkung. Das Gebilde ist hier zunächst in sich zusammengefafst, um dann nachzulassen und ins natürliche Gleichgewicht zurückzukehren. Jene Konzentration, die eben aus dem nachfolgenden Nachlassen deutlich wird, bedingt hier die Aufwärtsbewegung. Danach ist der eigentliche Quell der Bewegung hier mehr im engeren, dort mehr im weiteren Teile,

d. h. jedesmal unten zu suchen. Dem entspricht es, dafs ich bei Halbierung der Höhendistanz von Fig. 28 die untere Hälfte, bei Umkehrung der Figur diejenige, die bei der Umkehrung die untere ist, zu überschätzen geneigt bin.

Von Fig. 29 brauche ich nun im Grunde nicht mehr besonders zu sprechen. Genau so, wie in Fig. 9 ist hier die Wirkung nach aufsen die nach oben zu abnehmende, die Gegenwirkung, d. h. die Wirkung der natürlichen Kraft der Zusammenfassung die zunehmende und darum schliefslich überschätzte. Die Höhe wird unterschätzt, weil die Bewegung nach aufsen als ein Nachgeben erscheint, das ein Sinken zur Folge hat. Man erinnert sich des gleichen ·Thatbestandes bei der Form des »Wulstes.« Kehren wir die Figur um, verwandeln sie also in ein zunächst ohne weitere Hülfe und Hemmung sich aufrichtendes vertikales Gebilde, das nur oben zusammengeschnürt ist, so erscheint nach bereits früher Gesagtem — man erinnere sich der dorischen Säule — eben diese Einschnürung als Hemmung; nicht erst der Punkt der vollendeten, sondern naturgemäfs schon die werdende Einschnürung hemmt die Bewegung nach oben. Indem sie wird, drängt sie das Innere des Gebildes nach unten. Auch bei dieser Figur scheint mir, bei gewöhnlicher und umgekehrter Betrachtung, eine Tendenz der Überschätzung der jedesmal im Gesichtsfeld unten liegenden Hälfte obzuwalten. Besonders stark ist sie bei mir, wenn die Einschnürung sich oben befindet. Indessen lege ich hier — ebenso wie auch oben — auf diese meine Schätzung der oberen und unteren Hälften kein Gewicht. Die ganze Angelegenheit bedarf noch einer weiteren Prüfung. Auffallend ist es mir, dafs ich, offenbar im Widerspruch mit sonstigen Angaben, auch schon bei einfachen Rechtecken, obgleich in geringerem Grade, geneigt bin, die untere Hälfte zu überschätzen. Immerhin besteht die Vermutung, dafs in diesen Schätzungen ein Mittel liege, den Eindruck der Abnahme oder Zunahme der in einem

Gebilde für unsere Phantasie waltenden Bewegung genauer
zu bestimmen.

Von den Figg. 28 und 29 aus müssen wir nun endlich
aber auch die Breitenschätzungen der Gebilde von der Art
der Fig. 24 noch einmal ins Auge fassen. Ein Zwischenglied
bilden die später in anderem Interesse anzuführenden Figg. 35
und 36, zunächst in ihrer Umkehrung. Bei ihnen findet hinsichtlich der Höhen-, wie hinsichtlich der Breitenschätzungen
dasselbe statt, wie bei Figg. 28 und 29; und offenbar müssen
diese Schätzungen ganz unter den Gesichtspunkt der betreffenden Schätzungen bei letzteren Figuren gestellt werden.
Die Gebilde gleichen sich, nur mit dem Unterschiede der
Krummlinigkeit und Geradlinigkeit.

In der That beansprucht das mit Rücksicht auf Figg. 28
und 29 Gesagte erweiterte Geltung. Die krummlinig sich
verengernden Gebilde, die »Einziehung« in Fig. 13, ebensowohl
wie das Gebilde in Fig. 28, erfahren eine scheinbare Verengerung zunächst beim Beginn der Einwärtsbewegung, also
an der Stelle der gröfsten Weite. Kein Wunder, da hier
die einwärtsdrängende Kraft einsetzt, also noch ungeschwächt
uns entgegentritt. Ebendasselbe ist aber auch der Fall bei
der geradlinigen Einwärtsbewegung in der umgekehrten
Fig. 35. — An die Stelle der Unterschätzung der Weite tritt
dann bei jenen Gebilden allmählich die Überschätzung. Dies
schien uns ein natürlicher Erfolg der Verminderung der ein-
ziehenden Kraft oder der vermehrten Gegenwirkung. Wiederum aber vermindert sich auch bei der geradlinigen Einwärtsbewegung diese Kraft und vermehrt sich die Gegenwirkung.
Wir sehen die Einwärtsbewegung schliefslich an einem
Punkte aufhören. Hier also ist die Kraft der Einwärtsbewegung erlahmt, d. h. durch das ihr entgegenstehende
natürliche Ausdehnungsbestreben des Gebildes allmählich überwunden. Damit ist, vor allem an dieser Stelle, die Vorstellung des Ausdehnungsbestrebens in uns zur herrschenden,

oder das Ausdehnungsbestreben selbst, für unsere Vorstellung, zum herrschenden geworden. Wir stehen, wenn wir bei
der Betrachtung des Gebildes an diese Stelle gelangen, unter dem
Eindruck einer Gegenbewegung, durch welche die Einwärtsbewegung aufgehoben worden ist. Dieser Eindruck ist der
notwendige Grund der Unterschätzung der Einwärtsbewegung
an der Stelle, wo sie aufhört, oder der Grund der Überschätzung der Weite an dieser Stelle; oder sie ist, wenn man
will, diese Unterschätzung bezw. Überschätzung selbst.

Wie der Einwärtsbewegung, so schreiben wir auch der
Auswärtsbewegung — in der umgekehrten Fig. 36 — bei
ihrem Beginne einen gröfseren, bei ihrem Aufhören einen
geringeren Erfolg zu. Es ist aber beides schliefslich nur ein
Spezialfall einer allgemeineren Regel. Jede Bewegung überhaupt wird in ihrem Erfolg überschätzt in ihrem Beginn,
unterschätzt, wo sie aufhört; oder noch allgemeiner, wir
überschätzen den von einer Bewegung durchmessenen Weg,
wenn die Bewegung sich weiter fortsetzt, also die Kraft zu
solcher Fortsetzung in sich trägt; wir unterschätzen den Weg,
wo die Kraft zu Ende geht, also überwunden erscheint. Die
beginnende oder einsetzende Bewegung ist aber vor allem eine
solche, die sich fortsetzt, also die Kraft oder den Antrieb zur
Fortsetzung in sich schliefsen mufs.

Beispiele für die angeführte allgemeinere Regel sind uns
begegnet und werden uns in verschiedener Richtung begegnen
Ich erinnere an die Quadratseiten in Figg. 3 und 4, ebenso
in Fig. 8, verglichen mit Fig. 6. Jedesmal wurden die Linien
überschätzt, deren Bewegung weiter fortging, diejenigen unterschätzt, deren Bewegung aufhörte. Auch das Quadrat in
Fig. 1, dessen Bewegung nach oben in den folgenden Teilen
des Gebildes sich fortsetzt, kann hierher gezogen werden. Was
spätere Beispiele betrifft, so verweise ich insbesondere auf die
Überschätzung der fortgehenden, die Unterschätzung der ab-
gebrochenen Einwärtsbewegung der Kreislinie.

Das soeben über die Über- und Unterschätzung des Grades der Einwärts- oder Auswärtsbewegung Gesagte hat nun natürlich ebenso wie auf Fig. 35, bezw. deren Umkehrung, auch auf Fig. 24 und die ihr ähnlichen Bezug. Damit scheint unsere frühere Betrachtungsweise der scheinbaren Form von Fig. 24 durch eine andere ersetzt. In der That hat sie nur eine Ergänzung oder Rechtfertigung erfahren. Fig. 24 »streckt sich«, so sagte ich. Ich meinte dann zunächst, in dieser Streckung liege nicht notwendig eine absolute Vermehrung der Höhenausdehnung. Es liegt aber darin auch nicht ohne weiteres die thatsächlich stattfindende Schätzung der oberen und unteren Breite. Warum soll sich die Figur nicht strecken können, so dafs die Breite an beiden Enden bleibt, wie sie ist? Freilich nahmen wir das »Strecken« oben in einem Sinne, der jene Schätzungen in sich schlofs; aber eben dafs wir dies durften, zeigt sich erst hier.

Ich bemerke noch, dafs auch die scheinbare Verminderung der Höhe von Fig. 36 im Vergleich mit Fig. 35 denselben Grund hat, wie die Verminderung der Höhe von Fig. 29 im Vergleich mit Fig. 28. Auch in jenem Falle erscheint die obere Einwärtsbewegung als hemmende Einschnürung, oder, wenn wir die Figur umkehren, die untere Bewegung nach aufsen im Vergleich zur folgenden Aufwärtsbewegung als Nachgeben.

Ein weiterer Zusatz betrifft die Schätzung der Hälften der Höhenausdehnung in einem speziellen Falle. Die Überschätzung der unteren Hälfte scheint in dem Falle, den ich im Auge habe, zweifellos. Verlängern wir in Fig. 24 die Seiten, bis sie sich treffen, so entsteht ein Dreieck. Jetzt ist die Möglichkeit, die Höhe im Vergleich zur Breite zu überschätzen, wesentlich vermindert. Die Seiten sind durch die Spitze aneinander gebunden und schliefsen damit den Gedanken der Aufrichtung und Verminderung der Konvergenz aus. Halbieren wir aber in der Vorstellung das Dreieck seiner Höhe nach und betrachten

die untere Hälfte für sich, so kann jener Gedanke wiederum
bis zu gewissem Grade platzgreifen.　Es wird dann auch die
damit verbundene Höhenüberschätzung wieder zur Geltung
kommen.　In der That unterschätzen wir die untere Hälfte
der Höhe eines Dreiecks im Vergleich zur oberen.　Wir thun
dies in direktem Widerspruch mit der sonst geltenden Regel,
dafs obere Hälften vertikaler Distanzen überschätzt werden.

Schräge Abzweigungen.

In unmittelbarem Gegensatz zu den Fällen, in denen
gegeneinander geneigte Linien für weniger gegeneinander
geneigt gehalten werden, scheinen diejenigen zu stehen, in

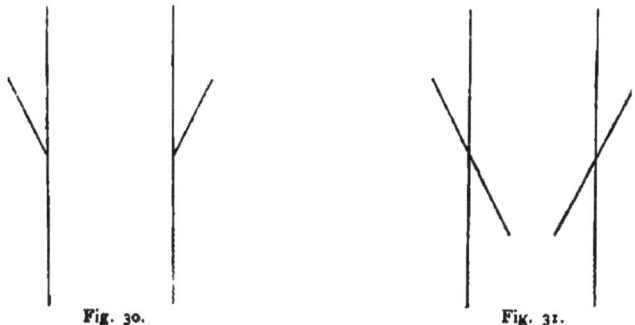

Fig. 30.　　　　　　　　Fig. 31.

denen parallele Linien den Eindruck der Konvergenz oder
Divergenz machen.　Und doch ist wiederum im letzten Grunde
das Erklärungsprinzip das gleiche.　Ich denke hier vor allem
an das HERINGsche und das ZÖLLNERsche Muster.　Da ich
nur an sie zu erinnern brauche, so ersetze ich sie hier durch
die einfachen Figg. 30 und 31.　In beiden Figuren erscheinen
die parallelen Vertikallinien nach oben zu gegeneinander geneigt.

Man könnte sich zunächst versucht fühlen, in dieser
scheinbaren Neigung nichts anderes zu sehen, als die notwendige Folge der Unterschätzung der Divergenz der von
den vertikalen ausgehenden, bezw. sie schneidenden schrägen
Linien.　Nun wirkt dieser Umstand in unseren Figuren, wie

im HERINGschen und ZÖLLNERschen Muster, gewiſs mit; aber
er ist nicht die eigentliche Ursache der Täuschung. Auch
wenn wir eines der beiden Liniensysteme, aus denen jede der
Figuren besteht, für sich hinstellen, erscheint die ihm zu-
gehörige Vertikale geneigt.

Diese Täuschungen werden, wie bekannt, von V. HELM-
HOLTZ, dem WUNDT folgt, auf die Überschätzung spitzer
Winkel zurückgeführt. Damit ist, soviel ich sehe, der That-
bestand richtig bezeichnet. Doch fragt es sich, ob diese
Überschätzung spitzer Winkel nicht selbst wieder an auf-
zeigbaren Bedingungen haftet.

Daſs sie besonderen Bedingungen unterliegt, zeigt eine
Mitteilung V. HELMHOLTZ' zur Genüge. Wenn wir einem
spitzen Winkel, dessen einer Schenkel horizontal liegt, einen
gleichen anzulegen versuchen, so machen wir den letzteren
nicht unbeträchtlich zu groſs. Wir überschätzen also den
Winkel an der Horizontalen. In Übereinstimmung damit finde
ich insbesondere, daſs bei Halbierung eines rechten Winkels
mit einem horizontalen Schenkel der halbe Rechte an der
Horizontalen erheblich gröſser erscheint.

Es können aber selbst hier wiederum besondere Umstände
den Erfolg modifizieren. Fig. 32 ist nach unten und oben,
abgesehen von dem angefügten »Plättchen« oder »Riemchen«,
durchaus symmetrisch; es erscheint aber die obere schräge
Linie steiler, als die untere, infolge davon die untere Ecke
weiter nach rechts heraustretend, als die obere, und der
Streifen, den die untere Schräge nach rechts begrenzt, niedriger,
als der entsprechende obere Streifen. Hier haben wir eine
verschiedene Schätzung gleicher Winkel, die beide an der
Horizontalen liegen.

Einer ähnlichen verschiedenen Schätzung begegnen wir in
einem Falle, den WUNDT aus verschiedenen Gründen nicht
so ohne weiteres als Beleg für die Überschätzung spitzer
Winkel, vor allem nicht mit seiner näheren Begründung, hätte

anführen sollen. In Fig. 45 auf S. 75 scheint der Kreisbogen zwischen den Ecken des eingeschriebenen Quadrats
herausgezogen. Lassen wir hier dahingestellt, ob man dies
so ohne Weiteres als eine Überschätzung der Winkel bezeichnen darf, welche die Seiten des Quadrats mit dem Kreisbogen einschliefsen. Dafs die Kleinheit der Winkel hier nicht
als solche den Erfolg hervorbringt, zeigt jedenfalls die einfache und naheliegende Probe, die in Fig. 46 angestellt ist.
Statt die Seiten des Quadrats von innen, läfst man ihre Ver-
längerungen von aufsen an den Kreis stofsen. Dann ergiebt
sich nicht die gegenteilige Täuschung, d. h. eine scheinbare

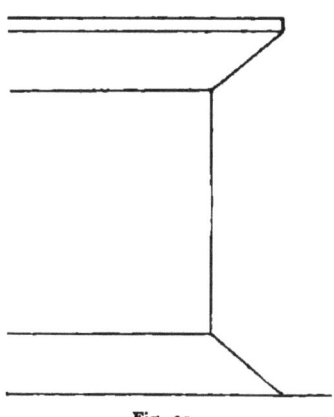

Fig. 32.

Abflachung der Kreisbogen, sondern die Täuschung in Fig. 45
bleibt bestehen. Hier würden also spitze Winkel vielmehr
unterschätzt.

Derartige Thatbestände haben mich ehemals veranlafst
bei Erklärung des HERINGschen und ZÖLLNERschen Musters
die Überschätzung spitzer Winkel ganz dahingestellt zu lassen
und einen anderen Grund aufzusuchen. Wenn an eine Linie
von bestimmter Richtung, so meinte ich, eine Linie von anderer,
aber nicht allzu stark abweichender Richtung ansetzt, so sind
wir in gewissem Grade geneigt, die letztere als Fortsetzung
der ersteren zu fassen. Thun wir dies aber, dann kann die

wirkliche Fortsetzung nicht mehr als solche gelten, sondern muſs nach der entgegengesetzten Seite geneigt scheinen.

Diese Regel erklärt ohne Frage die Fälle, die sie erklären sollte. In Fig. 30 setzen die beiden schrägen Linien an die vertikalen in nicht zu stark abweichender Richtung an. Sind wir in Versuchung, die schrägen Linien als Fortsetzung der vertikalen zu betrachten, so müssen die vertikalen von dem Ansatzpunkte der schrägen Linien an nach der entgegengesetzten Seite geneigt erscheinen. In Fig. 31 müssen aus gleichem Grunde die ganzen vertikalen Linien den Eindruck der Neigung machen.

Indessen auch diese Regel erfordert noch eine nähere Begründung und Bestimmung. Worauf beruht unsere Geneigtheit, die schrägen Linien als Fortsetzung der vertikalen zu betrachten? Worin besteht der eigentliche Sinn dieser Betrachtungsweise? Die Beantwortung der Frage führt uns wiederum auf das Gebiet der ästhetischen Betrachtung. Wir lernen das uns zur Genüge bekannte ästhetische Erklärungsprinzip optischer Täuschungen von einer neuen Seite kennen. Eben damit kommt dann auch die Annahme der Überschätzung spitzer Winkel wiederum zu ihrem Rechte.

In den schrägen Linien »setzen« sich die vertikalen »fort«. Mit diesem Ausdruck sind wir im Grunde schon mitten in der ästhetischen Betrachtungsweise. Für den optischen Standpunkt besteht nur ein Aneinander ähnlich gerichteter Linien. Daſs jener Ausdruck uns dennoch völlig natürlich scheint, beweist nur, wie natürlich uns die ästhetische Betrachtungsweise ist. Noch deutlicher wird der ästhetische Standpunkt, wenn ich sage, die schräge Linie gehe aus der vertikalen hervor. Geht sie daraus hervor, so ist sie darin enthalten, nämlich der Möglichkeit nach. Eine schon in der vertikalen Linie liegende Kraft oder Tendenz der Auswärtsbewegung nach rechts oder links verwirklicht sich in der thatsächlich nach dieser Richtung abbiegenden schrägen Linie.

In der vertikalen Linie selbst nun ist diese Tendenz der Bewegung nach rechts oder links gebunden, natürlich durch eine gegenwirkende Tendenz, d. h. eine Tendenz der Auswärtsbewegung nach der entgegengesetzten Seite. Beide Tendenzen binden sich wechselseitig. Wo aber aus der vertikalen Linie die schräge hervorgeht, wird die Tendenz der Bewegung nach der einen Seite frei; die Bewegung, die in der Schräge sich verwirklicht, ist eben diese befreite Tendenz. Damit ist zugleich auch die entgegengesetzte Tendenz frei geworden. Ist sie aber frei, so muſs sie wirken. Also strebt die Fortsetzung der vertikalen Linie nach der entgegengesetzten Seite.

Zum gleichen Resultate gelangen wir, wenn wir als Ausgangspunkt oder Mittelpunkt der Betrachtung die Stelle der Gabelung wählen. Wegen der inneren Einheit des aus Vertikale und Schräge bestehenden Liniensystems, die für die ästhetische Betrachtung jederzeit besteht, müſste die Auswärtsbewegung, die in der Schräge sich verwirklicht, dem oberen Ende der vertikalen Linie sich mitteilen. Geschieht dies nicht, so muſs eine Kraft da sein, die jenem Zug der Schräge das Gegengewicht hält und ihn überwindet. Als Träger einer solchen erscheint die Fortsetzung der Vertikalen. Sie erscheint so nicht, weil es uns so beliebt sondern weil jene Linie selbst durch die Art ihres Verlauf diesen an sich nur möglichen oder naheliegenden Gedanken herausfordert. Sie thut dies, sofern die in ihr liegende Bewegung in der That eine von der Bewegung der Schräge divergierende, nach anderer Richtung drängende, also derselben für unsere Vorstellung relativ entgegenwirkende ist. Auch dies genügte noch nicht, wenn in dem Gebilde ein anderes Element sich fände, das uns erlaubte, die Existenz und den Bestand des Liniensystems uns in anderer Weise sinnvoll zu deuten. Aber ein solches besteht nicht. Insbesondere giebt es auſser jener Fortsetzung der Vertikalen nichts, was als Gegengewicht gegen die Wirkung der Schräge gefafst werden könnte. Nun überschätzen wir jedesmal den Erfolg einer Bewegung, durch die eine entgegenstehende Kraftwirkung oder Bewegung aufgehoben oder überwunden scheint. Also überschätzen wir die Divergenz der Fortsetzung der vertikalen von der schrägen Linie.

Nichts hinderte uns endlich, das Liniensystem auch von oben nach unten zu betrachten und wiederum zum gleichen Resultate zu gelangen. Doch genügt das Gesagte.

Es genügt auch, um zu zeigen, dafs das Erklärungsprinzip unser bekanntes ist. Kein Wunder, da es sich überall um gleichartige Probleme handelt. Insbesondere springt die Analogie zwischen der scheinbaren Neigung der Fortsetzung der vertikalen Linie in unseren Figuren und der Neigung des ionischen Frieses oder der Verjüngung des oberen Endes in Fig. 1 oder des oberen und unteren in Fig. 2 in die Augen. Es ist dasselbe ästhetische Moment, das hier wie dort die Täuschung bewirkt. Überall in der Architektur können wir der optischen Täuschung begegnen, die uns im HERINGschen und ZÖLLNERschen Muster — nur vermöge der Verstärkung der Bedingungen in diesen besonders deutlich — entgegentritt.

Genauer gesagt, ist das Problem hier wie dort ein mechanisches, ein Problem des mechanischen Gleichgewichts. Es ist darum nicht minder ein ästhetisches. Die ästhetische Betrachtung ist eben in weitem Umfange eine mechanische. Nur dafs bei ihr die mechanischen Kräfte lediglich in der Phantasie ihr Dasein haben, und dafs der Gedanke an sie zumeist unbewufst in uns wirkt und nur ihr Ergebnis ins Bewufstsein tritt. Ihr Dasein und Wirken ist nach einem geläufigen, obzwar wenig genauen Ausdruck Sache unseres »Gefühls«, nicht Sache der Reflexion. Dies hindert nicht, dafs der Aesthetiker reflektieren und vermöge seiner Reflexion das Gefühl in bewufste Gedanken umsetzen mufs. Es besteht eben darin seine wesentlichste Aufgabe.

Lassen wir in Fig. 30 die Fortsetzung der vertikalen

Linie jenseits des Ansatzpunktes der schrägen weg, dann fehlt der Bewegung nach aufsen, die die schräge Linie repräsentiert, das Gegengewicht. Diese Bewegung scheint danach wirken, d. h. die vertikale Linie an ihrem oberen Ende nachziehen zu müssen.

Der Schlufs scheint zwingend; und doch kann man ebensowohl umgekehrt schliefsen. Wir sehen, dafs die vertikale Linie der Bewegung nicht folgt. Kann dafür die Fortsetzung der vertikalen Linie nicht verantwortlich gemacht werden, so scheint das Gegengewicht in der vertikalen Linie selbst gesucht werden zu müssen. Das Ergebnis wäre, dafs die vertikale Linie selbst eine Neigung nach der der schrägen Linie entgegengesetzten Richtung zu haben schiene.

In der That ist von diesen Schlüssen der eine so richtig wie der andere. Beide zusammen repräsentieren sie die beiden einander entgegengesetzten Arten, wie überhaupt bei Betrachtung einer Form der Gedanke einer Bewegung vor andern sich aufdrängen und somit eine optische Täuschung aus ästhetischen Gründen sich ergeben kann. Die Form weckt unmittelbar den Gedanken einer Bewegung, die eine ihr entgegenstehende Kraft überwindet; oder aber eine in der Form scheinbar wirkende Kraft weckt den Gedanken an eine für den Bestand des Gebildes erforderliche, also jener Kraft übermächtige Gegenwirkung.

Zugleich ist doch keiner der Schlüsse ohne weiteres richtig. Je nach Umständen nötigt sich uns der eine oder der andere Gedanke auf und drängt den entgegenstehenden zurück; je nach Umständen entsteht in unserem Falle die eine oder die andere Täuschung. Die Frage ist nur, welcher der beiden Gedanken aus anderweitigen Gründen den Vorrang gewinnt. Halten sich beide die Wage, so unterbleibt jede Täuschung.

Fig. 33 und Fig. 34 erscheinen als einheitliche und aufrechte Gebilde. In beiden dominiert also für unsere Vor-

4

stellung die vertikale Bewegung oder Kraftwirkung. Damit dominiert zugleich die Bewegung nach innen, die Zusammenfassung oder Konzentration, über die Bewegung in die Breite. Jene scheint im Objekte diese zu besiegen.

Anders ausgedrückt: Nehmen wir an, das Gebilde zerfiele, dann ist der nächstliegende Gedanke der des Auseinanderfallens, nicht der einer Bewegung nach innen. Das Gebilde erhält sich danach in seinem Bestande, indem es die Tendenz des Auseinanderfallens, oder allgemeiner, der Bewegung nach aufsen überwindet. Darin liegt für unsere Phantasie eine beständig sich vollziehende Bewegung nach. innen.

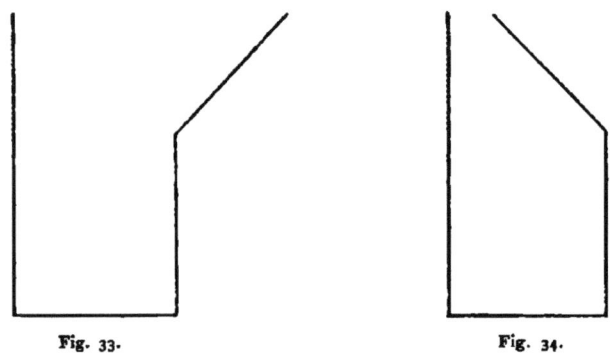

Fig. 33.   Fig. 34.

Daraus nun ergiebt sich zunächst, warum in Fig. 33 die vertikale Linie etwas nach der der Schräge entgegengesetzten Seite geneigt erscheint. Die Linie ist schon Träger einer nach innen gehenden Bewegung, also einer Bewegung von ähnlicher Art, wie sie erforderlich ist, wenn der Auswärtsbewegung der Schräge durch die Linie das Gleichgewicht gehalten werden soll. Indem wir die Linie vermöge jener Einwärtsbewegung die auswärtsdrängende Wirkung der Schwere überwinden sehen, scheint sie schon auf dem Wege auch die auswärtsdrängende Wirkung der Schräge zu überwinden. Jener Gedanke giebt diesem Gedanken gleichartigen Inhalts einen Anhaltspunkt; er lockt ihn hervor und läfst ihn über den

an sich gleichfalls möglichen Gedanken des Nachgebens gegen
die Auswärtsbewegung der Schräge das Übergewicht gewinnen. — Man erinnert sich, dafs wir das hier in Rede
stehende Phänomen, früher — S. 26 — schon einmal zu
streifen Veranlassung hatten.

Ebenso ist auch in Fig. 34 die vertikale Linie schon
vorher Träger einer einwärtsgehenden Bewegung, aber hier
ist mit diesem Gedanken nicht der Gedanke der Gegenbewegung gegen die Bewegung der Schräge, sondern vielmehr
der Gedanke des Nachgebens gegen dieselbe inhaltlich
gleichartig. Darum wird hier dieser letztere Gedanke vorzugsweise in uns angeregt und zum herrschenden gemacht.
Wir glauben an das Nachgeben aus demselben Grunde, aus
dem wir in Fig. 33 an die Gegenbewegung glaubten.
Wiederum meinen wir, das Nachgeben ebendeswegen zu sehen.
Die optische Täuschung geschieht in beiden Fällen nach der
einleuchtenden Regel, dafs wir dann, wenn an einer Stelle der
Gedanke an zwei einander entgegengesetzte Bewegungen an
sich gleich nahe liegt, die eine oder die andere Bewegung als
vorhanden betrachten, je nachdem an dieser Stelle ein Hin-.
weis auf die eine oder die andere Bewegung bereits vorliegt.

Freilich ist es nun aber auch wegen jener Möglichkeit
entgegengesetzter Betrachtungsweisen nicht zu verwundern,
wenn diese Täuschungen — auch bei etwas schräger Betrachtung, um die ich hier noch besonders bitte — nicht jedermann
gleich aufdringlich erscheinen. Insbesondere bei Fig. 33
scheint es sich in der That so zu verhalten. Dieser Umstand
bestätigt zunächst, dafs die mechanisch ästhetische Deutung
die Täuschungen bedingt. Zugleich zeigt er aber doch auch,
dafs nicht jedem die Deutung, die uns die nächstliegende
schien, gleich nahe zu liegen braucht. So bin ich selbst schon
gelegentlich einem wenig sicheren Urteil über Fig. 33 begegnet.
Mein eigenes Urteil wird unsicher bei der der Fig. 33 entsprechenden aber symmetrischen Fig. 35. Was bei dieser Figur

der Täuschung entgegensteht, ergiebt sich aus dem, was über
die beiderseits schräglinig begrenzten Gebilde oben gesagt
wurde. Dafs bei der Umkehrung die Täuschung in ihr Gegenteil umschlägt, also eine Überschätzung der Weite an der
Stelle des Ansatzes der schrägen Linien stattfindet, bestätigt,
so viel ich sehe, die Annahme, dafs die Wirkung des bei
Fig. 33 geltend gemachten Faktors dennoch auch hier stattfindet. Bei der Umkehrung tritt ja jener Faktor zurück oder
wirkt in umgekehrter Richtung.

Wie leicht nun aber überhaupt eine Deutung an die Stelle
einer anderen treten und damit eine Täuschung aufgehoben
oder in ihr Gegenteil verkehrt werden kann, zeigt sich, wenn

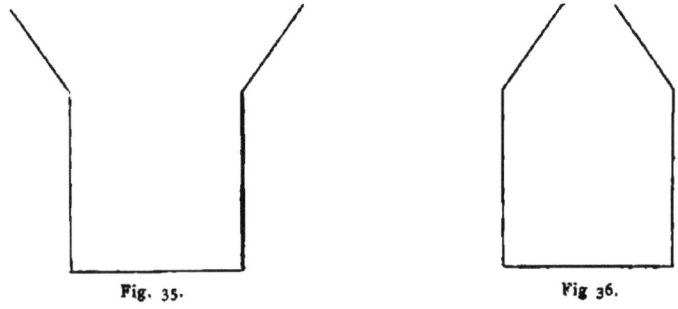

Fig. 35.   Fig 36.

wir in unseren Figg. 33 und 34 einfache Modifikationen eintreten
lassen. Zunächst schwindet der Schein der Konvergenz oder
der Annäherung der stumpfen Ecke an die gegenüberliegende
Seite nicht nur, wie eben gesagt, bei Fig. 35, sondern ebenso
bei Fig. 33, und geht in sein Gegenteil über, wenn ich die
Figur umkehre. Das Gleiche gilt von der letzteren Figur,
wenn ich am oberen Ende derselben eine der Basis gleiche
horizontale Linie anfüge. Und doch scheint dabei gleichzeitig die Fortsetzung der in die Schräge mündenden Vertikalen nicht auf den Endpunkt dieser Linie, sondern auf einen
weiter einwärts liegenden Punkt derselben zu treffen. Beides
verstärkt sich bei der Umkehrung. Es ist hier in gewisser
Weise der Schein, als ob die stumpfe Ecke auswärts gedrückt

sei, mit dem gegenteiligen Schein verbunden. Man sehe Fig. 38. Bringe ich endlich an Fig. 34 die gleiche Modifikation oder Erweiterung an, so scheint bei gewöhnlicher und bei umgekehrter Betrachtung die stumpfe Ecke über das Ende der frei endigénden Horizontalen h i n a u s gezogen, derart, dafs der in Gedanken verlängerte vertikale Schenkel auf einen in der V e r l ä n g e r u n g der Horizontalen liegenden Punkt zu treffen scheint. — Dies zeigt Fig. 37.

Solches verstehen wir, wenn wir uns noch einmal der Vorstellung erinnern, die bei den Täuschungen in Figg. 33 und 34 zu Grunde lag. Es war die Vorstellung, die Gebilde seien sich ausbreitende und nach oben ausdehnende F l ä c h e n, bezw.

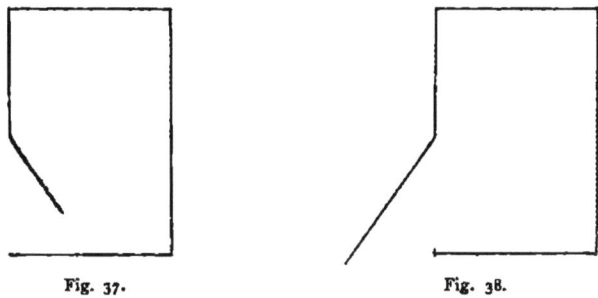

Fig. 37.   Fig. 38.

Körper, kurz Gebilde mit Inhalt, die Linien die blofsen Grenzen derselben. Diese Vorstellung wird erschwert durch die hinzutretenden frei endigenden Horizontallinien. Sie wird unmöglich bei der Umkehrung der so entstehenden Gebilde, also bei unseren Figg. 37 und 38. Mit ihr streitet sich oder an ihre Stelle tritt eine andere Vorstellung, nämlich die Vorstellung eines starren Linien- oder Stäbesystems.

Achten wir speziell auf Fig. 38. Sofern das Gebilde als ein reines Liniensystem erscheint, ist bei ihm von Zusammenfassung der Kraft, die in seiner Breite wirkte und nach aufsen drängte, also auch von einem Gegengewicht, das sich die zusammenfassende Thätigkeit und die Tendenz nach aufsen hielten und das in den Linien repräsentiert sein könnte, keine

Rede mehr. Nur die Vorstellungsweise bleibt überhaupt hinsichtlich der hier vorliegenden Verbindung der vertikalen und schrägen Linie übrig, die bei jeder stumpfwinkligen Verbindung von Linien, soweit sie nur eben als Verbindung von Linien erscheint, die nächstliegende oder zunächst einzig mögliche ist, nämlich die Vorstellung der Einheitlichkeit der in beiden repräsentierten Bewegung. Beide Bewegungen gehen auseinander hervor. Damit erscheint die gemeinsame Bewegung als die herrschende; wir halten also den stumpfen Winkel für stumpfer. Ganz dasselbe wäre es, wenn ich sagte, die eine Linie scheine die andere an ihrem Ende »nachzuziehen«. Die Wirkung ist also hier dieselbe, wie in Fig. 34, ohne den dort vorhandenen und erforderlichen Grund. — Dafs wir auch in Fig. 33 und ebenso in Fig. 35 die Linien als blofse Linien betrachten können, sie also nicht als Grenzen eines sich ausbreitenden und aufrichtenden Gebildes betrachten müssen, das ist es gewifs vor allem, was die von uns behauptete optische Täuschung nicht allen gleich aufdringlich werden läfst. Dagegen übt bei Figg. 34 und 36 wenigstens diese mögliche Betrachtungsweise keinen störenden Einflufs. Hier ist die Täuschung darum sicherer.

Mit jener Abstumpfung des stumpfen Winkels ist nun das Übrige, was in Fig. 38 auffällt, gegeben. Indem sie sich vollzieht, nähert sich der vertikale Schenkel des Winkels in seiner Richtung dem schrägen Schenkel; die Drehung des vertikalen Schenkels teilt sich dann aber dem ganzen System mit; dasselbe wird oben nach rechts, unten nach links verschoben. Insbesondere nähert sich das freie Ende der unteren Horizontalen dem Endpunkt der Schräge. Kurz, es ergibt sich das Bild, das die Figur gewährt. Man wird nicht einwenden, dafs nach dem Vollzug der ganzen Bewegung der Endpunkt der unteren Horizontalen doch wieder in die Fortsetzung des vertikalen Schenkels des stumpfen Winkels falle. Hier handelt es sich ja nicht um das, was ist,

sondern um unseren unmittelbaren Eindruck. Nur dieser
wirkt optisch. Wir unterliegen aber dem Eindruck der Abstumpfung des stumpfen Winkels, wenn unsere, hier wie überall
successive Betrachtung bei diesem Winkel weilt, ebenso dem
Eindruck der Bewegung des freien Endes der unteren
Horizontalen, wenn wir, dem Verlauf der Linien folgend,
mit unserer Betrachtung bei dieser Horizontalen angelangt
sind. Mag also immerhin jeder frühere Teil der Gesamtbewegung durch die folgenden Momente derselben in seiner
verschiebenden Wirkung wieder aufgehoben werden, für den
mechanisch-ästhetischen und darauf beruhenden optischen Eindruck bestehen alle diese Wirkungen nebeneinander. — Soweit
an der scheinbaren Gestalt von Fig. 38 nicht alles ist, wie man es
nach dem Gesagten erwarten könnte, ist wohl der Eindruck von
Hemmungen, denen die Gesamtbewegung hier unterliegt, dort
nicht unterliegt, verantwortlich zu machen. Am ungehemmtesten
kann sich offenbar die Bewegung des freien Endes der
unteren Horizontalen verwirklichen. Wie nach gleichem
Prinzip in Fig. 37 die analoge optische Wirkung zu stande
kommt, brauche ich nicht besonders zu sagen.

Blicken wir zurück, so sehen wir aus der Verbindung
einer geraden Linie mit einer in schräger Richtung daran
angefügten bald diese bald jene optische Wirkung hervorgehen,
je nachdem bei der Betrachtung dieser oder jener mechanisch-
ästhetische Gedanke die Oberhand gewinnt. Beweis genug,
dafs überall die mechanisch-ästhetischen Gedanken die Wirkung bedingen. Was die nach Obigem nächstliegende Wirkung,
die Abstumpfung des stumpfen Winkels, betrifft, so erinnert
man sich, dafs wir derselben bereits in früherem Zusammenhang begegnet sind. Die Wirkung der schrägen Linien auf
die Form des Quadrates in Figg. 5 und 7 fällt ganz unter
diesen Gesichtspunkt. Dasselbe Prinzip liegt zu Grunde
bei der Ausbauchung am unteren Ende von Fig. 9 und
in ähnlichen Fällen, obgleich es sich hier um gerade und

krumme Linien handelt. Wir werden ihm ebenso weiterhin beim Kreise begegnen.

Divergenz von einem Punkte.

Beim HERINGschen und ZÖLLNERschen Muster, bezw. den einfacheren linearen Gebilden, die wir an ihre Stelle setzten, ging die schräge Linie jedesmal von einer anderen, wie der Zweig vom Stamme, aus. Aber auch, wo dies nicht der Fall ist, sondern zwei Linien von vornherein im spitzen Winkel auseinandergehen, bemerken wir den dort zunächst in Betracht gezogenen Erfolg, d. h. die scheinbare Vergröfserung des spitzen Winkels. Daraus ergiebt sich in den Figg. 39 und 40 die Neigung der vertikalen Winkelschenkel gegen die zum Vergleich daneben gestellten einfachen Vertikallinien. Der

Fig. 39.   Fig. 40.

gleichartige Erfolg hat gleichartige Gründe. Nicht in einer Linie, aber in einem Punkte sind in unserem Falle verschiedene Bewegungstendenzen aneinander oder durcheinander gebunden. Diese Bindung ist es, die die divergierenden Linien überwinden, oder aus der sie sich befreien. Sie überwinden sie in unserer Figur nicht, sofern sie nach aufwärts bezw. abwärts, sondern sofern sie nach auswärts gehen. Darum mufs die Auswärtsbewegung überschätzt werden.

Sehr lehrreich ist hier der Vergleich mit der Divergenz von Linien, die nicht in einem Punkte aneinander gebunden, noch auch in einer Linie zusammengefafst erscheinen, oder kurz gesagt, mit der freien Divergenz. Die optische Wirkung beider Arten der Divergenz wird daraus verständlicher. Wir meinten von den frei divergierenden Linien, sie streckten sich scheinbar in der Richtung der gemeinsamen und eben darum in unserem Gesamteindruck dominierenden Bewegung. Diese scheinbare Streckung war als solche eine Unterschätzung der Divergenz. Also unterschätzen wir die freie Divergenz, während wir die Divergenz von einem Punkte aus überschätzen. Darin scheint ein Widerspruch zu liegen. Auch die freie Divergenz macht uns den Eindruck der Befreiung aus dem Zustand der Gebundenheit. Divergieren die Linien nach oben zu, so ist dieser Zustand durch die untere Distanz oder verbindende Linie repräsentiert. Weil dieser Zustand durch die auseinandergehenden Linien überwunden wird, so mufs auch hier eine Überschätzung des Aufsereinander stattfinden. — Aber dies ist ja auch wirklich der Fall. Wir wissen, dafs die Streckung der nach oben frei divergierenden Linien ein Auseinandergehen am unteren Ende, also eine Verbreiterung der unteren Distanz in sich schliefst. Insofern dies der Fall ist, erscheint die freie Divergenz und die Divergenz von einem Punkte unter einem Gesichtspunkt. Wiederum ergiebt sich Gleichartiges aus gleichartigen Gründen. Nur modifiziert sich zugleich der Erfolg, d. h. der Schein der Vergröfserung des Aufsereinander, in einer der Verschiedenheit der Umstände entsprechenden Weise. Die untere Distanz oder verbindende Linie der nach oben frei divergierenden Linien kann sich für unsere Schätzung dehnen und somit der Forderung der Vergröfserung des Aufsereinander unmittelbar genügen. Ist ihr genügt, so können die divergierenden Linien weiterhin frei dem Zug nach oben folgen. Dagegen läfst sich der Punkt keine Dehnung gefallen. Darum kann bei den von einem Punkte aus divergierenden Linien erst jenseits desselben dem Streben nach auswärts Genüge geschehen. Die wesentliche Gleichartigkeit beider Fälle wird völlig deutlich, wenn wir beachten, dafs auch die von einem Punkte aus divergierenden Linien dem Streben nach aufsen vor allem unmittelbar jenseits des zusammenfassenden Punktes genügen, weiterhin aber die Reaktion eintritt. In Fig. 39 divergiert die vertikale Linie von der schrägen erst stärker, um dann sich ihr wieder relativ zuzuwenden; die Linie erscheint dadurch unten nach links gebogen. In Fig. 40 erscheint entsprechend die von der schrägen Linie gekreuzte Vertikale von der Mitte an nach entgegengesetzten Seiten gebogen. Denken wir uns, der Punkt könne sich, dem hier sichtbaren Zuge folgend, zur Linie dehnen, so würde der Erfolg völlig demjenigen entsprechen, den wir bei der freien Divergenz verwirklicht sehen. Darin liegt eine wesentliche Bestätigung der ausgesprochenen Anschauung.

Ich mache hier nachträglich darauf aufmerksam, dafs aus gleichem Grunde auch die vertikalen Linien in Figg. 30 und 31 nicht gerade, sondern in derselben Weise wie die in Figg. 39 und 40 gebogen scheinen.

Wie eng diese Anschauung, auch abgesehen von der Beziehung zwischen Divergenz von einem Punkte und freier Divergenz, in den Zusammenhang unserer ganzen Betrachtungsweise sich einfügt, ergiebt sich unter anderem aus dem Umstande, dafs die ehemals besprochene scheinbare Einziehung oder Abstumpfung der Ecken und Ausweitung der Seiten des Quadrates ebensowohl hierhergezogen, d. h. aus der Überschätzung der Divergenz der Seiten von den Eckpunkten aus abgeleitet werden könnte. Damit wäre die ehemalige Betrachtung und Erklärungsweise nicht aufgehoben, sondern nur bestätigt. Ohne Zweifel ist es dasselbe, ob ich sage, die Schenkel eines Winkels streben von den Ecken an auseinander oder sie werden an den Ecken zusammengeschnürt. Das Eine setzt das Andere voraus; beides ist derselbe Thatbestand von verschiedenen Seiten betrachtet. Nun scheint es zwar, als hätten wir ehemals das Streben nach aufsen, das Sichweiten des Quadrats nicht in derselben Weise begründet, wie hier das Auseinanderstreben der Winkelschenkel oder die Überschätzung der Divergenz begründet wurde. Aber auch hierin laufen, genauer besehen, beide Betrachtungsweisen völlig auf eins hinaus. Je zwei Seiten des Quadrates, so sagte ich, fassen die beiden anderen an den Enden zusammen. Sie erscheinen, sofern sie dies thun, speziell als die Träger der zusammenfassenden Kraft des Quadrats. Entsprechend müsse das Quadrat im übrigen vorzugsweise als Träger der ausbreitenden Kraft erscheinen, die im Quadrat der zusammenfassenden die Wage halte. — Hierin liegt eben der Gedanke ausgesprochen, den uns nach Obigem jede Divergenz von einem Punkte aus aufdrängt. In den Ecken des Quadrats verdichtet sich so zu sagen die zusammenfassende Kraft. Im übrigen überwiegt die ausbreitende. Sie überwiegt oder hat das Übergewicht über die entgegenstehende Kraft der Zusammenfassung. In den Ecken, also den Punkten, von denen aus die Seiten divergieren, ist die Kraft gebunden, zwischen den Ecken überwindet sie die Bindung, kommt also in einer Bewegung nach aufsen zur Geltung. Daher die optische Täuschung.

Natürlich ist hier vorausgesetzt, dafs das oben zunächst über die spitzwinklige Divergenz von einem Punkte Gesagte allgemeinere Geltung hat, insbesondere auf die gleichartige rechtwinklige Divergenz ohne weiteres übertragen werden kann Aber daran ist kein Zweifel. Bedingung ist nur, dafs die Schenkel des rechten Winkels wirklich zu divergieren, d. h. auseinanderzustreben, dafs nicht der eine von dem anderen als seiner Basis sich zu erheben, überhaupt von ihm als einem bereits vorhandenen auszugehen, abzubiegen oder sich an ihn anzufügen scheint. Von der mittleren Richtung müssen sich beide, nicht einer darf sich von dem anderen entfernen. Diese Bedingung ist aber eben beim nackten Quadrat, sofern es ein für sich bestehendes und in sich abgeschlossenes, von der Mitte nach den Seiten und Ecken gleichmäfsig sich ausdehnendes und andererseits wiederum nach der Mitte zu sich zusammenfassendes Gebilde ist, am ehesten erfüllt. Je mehr es nicht nur ein solches Gebilde ist, sondern

sich auch als solches darstellt, je mehr insbesondere der dieser
Betrachtungsweise vor allem entgegenstehende Gedanke, dafs
das Quadrat sich aufrichte, zurücktritt, um so mehr können
die Ecken als Ausgangspunkte, von denen verschieden gerichtete Bewegungen gleichzeitig und in gleicher Weise ausgehen, oder, was dasselbe sagt, als Zielpunkte, denen diese
Bewegungen gleichzeitig und in gleicher Art zustreben, zur
Geltung kommen, um so mehr kann auch der damit verbundene
ästhetische und optische Eindruck relativer Stumpfheit und
Plumpheit, des gewaltsam Eingeengten, andererseits träge oder
widerspenstig Heraustretenden sich einstellen.   Freilich wird
jener Gedanke des Sichaufrichtens nie völlig zurückgedrängt
werden können, darum auch beim nackten Quadrat die
optische Wirkung der · rechtwinkligen Divergenz von einem
Punkte nie rein heraustreten.   Immerhin kann jener Gedanke
m e h r oder m i n d e r zurückgedrängt werden.   Er drängt
sich naturgemäfs stärker a u f , wenn wir das Quadrat von
unten nach oben betrachten, wie wir dies thun werden, wenn
wir die Höhe schätzen und mit der Breite vergleichen; er
tritt zurück, wenn wir geflissentlich die Mitte zum Augangs-
punkte oder Mittelpunkte der Betrachtung machen.   In der
That stehe ich vorzugsweise bei der letzteren Art der Betrachtung unter dem eben bezeichneten ästhetischen und
optischen Eindruck.

Diese Bemerkung hat wiederum allgemeinere Bedeutung.
Entgegenstehende Gedanken können sich in einem und demselben Gebilde ästhetisch, darum auch optisch entgegenwirken.
Je nachdem der eine oder der andere mehr zur Geltung kommt,
modifiziert sich die ästhetische und optische Wirkung.   Es
kann aber der eine oder der andere mehr zur Geltung kommen
je nach der Art der Betrachtung, ihrem Ausgangspunkt oder
Mittelpunkt, ihrer Richtung, der Folge, in der wir die Teile
ins Auge fassen.

Aber auch abgesehen davon leuchtet die Bedeutung der

Art der Betrachtung ein. Unsere Gebilde sind Träger von
Bewegungen, und diese haben ihre Richtungen, eine bestimmte
Art ihres Verlaufes; die ganzen Gebilde entstehen, wie oben
betont wurde, und haben darum, wie alles, was entsteht,
Anfang und Ende. Dem Weg, den sie bei ihrem Entstehen
einschlagen, den Bewegungen, die die Gebilde im ganzen
und in den einzelnen Teilen in sich vollziehen, müssen wir
folgen, wenn dieselben in unserer Vorstellung zur Wirkung
kommen sollen.

Was ihnen folgt, ist zunächst nicht das Auge, sondern
die Aufmerksamkeit, nicht der äufsere, sondern der innere
»Blickpunkt«. Und dabei werden wir von den Gebilden selbst
geleitet. Aber die Wege, die die Aufmerksamkeit und die,
die das Auge einschlägt, bedingen sich wechselseitig; die
Bewegungen beider fördern und hemmen sich. Kreuzt das
Auge blofs den Weg, den eine für den Gesamteindruck eines
Gebildes wesentliche Linie einschlägt, so wird die Bewegung
in der Linie auch nicht in dem Mafse Gegenstand der Aufmerksamkeit, wie sie es sonst würde, und ihre Wirkung vermindert sich; halten wir den Blick geflissentlich fest, so wird
die Wirkung, die aus der Auffassung der in einem Gebilde
lebendigen Bewegungen sich ergiebt, überhaupt in Frage
gestellt werden können. Weil ihnen der äufsere Blickpunkt
nicht folgt, folgt ihnen naturgemäfs auch der innere Blickpunkt nicht; und wenn wir uns Mühe geben, ihnen trotzdem
in Gedanken zu folgen, so vereitelt vielleicht schon die Anstrengung der Festhaltung des äufseren Blickpunktes den
Erfolg der Bemühung.

Danach ist es kein Wunder, wenn Augenbewegungen
für allerlei optische Täuschungen sich als wesentlich erweisen.
Wie wesentlich sie vor allem beim HERINGschen und ZÖLLNER-
schen Muster sind, erfahren wir aus V. HELMHOLTZ' bezüglichen
Mitteilungen. — Etwas anderes aber, als die Thatsache, ist
die Deutung, die ihr WUNDT und neuerdings MÜNSTERBERG

angedeihen lassen. So gewifs wir die Thatsache anerkennen,
so wenig ziehen wir daraus die weitabliegende Konsequenz,
dafs die gröfsere Schwierigkeit oder Leichtigkeit der Augenbewegungen die Täuschungen bedinge. Vielmehr finden wir
in jener Thatsache für unsere Anschauungen eine weitere
Bestätigung.

Winkel an der Horizontalen.

Nicht nur die Augenbewegungen sind, weil sie die Art
der Auffassung bedingen, für die optischen Täuschungen
von Bedeutung; auch die Lage der Gebilde zu unserem Auge
oder in unserem Sehfeld kommt aus gleichem Grunde in
Betracht. Hierher gehören zunächst die Fälle, in denen der
Gegensatz des Oben und Unten der Natur der Sache nach
für die Täuschung ausschlaggebend ist. Aufserdem kommt
ein Punkt in Betracht, auf den v. HELMHOLTZ gleichfalls bei
Gelegenheit des HERINGschen und ZÖLLNERschen Musters
aufmerksam macht. Dreht man das letztere in seiner Ebene
um 45°, so erscheinen die Konvergenzen und Divergenzen
des Musters stärker. Daraus zieht v. HELMHOLTZ den Schlufs,
dafs wir uns über die Richtung von Linien leichter täuschen,
wenn sie im Gesichtsfelde eine schräge, als wenn sie eine
vertikale Lage haben. Diese Regel kann man vielfach bestätigt finden. Man betrachte etwa die zuletzt besprochenen
Figg. 39 und 40 zuerst in gewöhnlicher Lage, dann halb
von der Seite. Die Regel ordnet sich aber einer allgemeinen
und uns schon bekannten ästhetisch-optischen Regel unter.
Die Bewegung nach oben, so sahen wir, drängt sich uns vor
andern auf, sie übt auf unser Bewufstsein und Gefühl die
gröfste Wirkung. Daraus folgt ein Doppeltes. Erstlich, dafs
sich die vertikale Linie als Träger dieser Aufwärtsbewegung
gegen Einwirkungen, die sie in unserer Vorstellung zu ver-
neinen oder zu verändern drohen, leichter behaupten, dafs sie
also insbesondere optischen Täuschungen in höherem Grade

widerstehen wird, als die schräge. Dies ist der Inhalt jener
v. HELMHOLTZschen Regel. Zweitens ergiebt sich daraus die
Überschätzung der Höhe aufgerichteter oder sich aufrichtender
Formen.

Von der letzteren nun sind uns mehrfache Beispiele begegnet. Eines haben wir noch ausdrücklich unter diesen
Gesichtspunkt zu stellen. Ich meine die von v. HELMHOLTZ
mitgeteilte und auf S. 52 erwähnte Überschätzung solcher
spitzer Winkel, deren einer Schenkel horizontal liegt. Der
andere Schenkel erhebt sich von diesem horizontalen Schenkel
als seiner neutralen Basis oder strebt von ihm hinweg. Sofern
er von ihm hinwegstrebt und mit Erfolg hinwegstrebt, vollzieht er eine vertikale Bewegung. Auch die Schenkel anderer
spitzer Winkel vollziehen freilich vertikale Bewegungen. Aber
sofern an einem Winkel beide Schenkel sie vollziehen, kann
es zu dem Gedanken besonders starker Divergenz der Schenkel
nicht kommen. Beim Winkel mit einem horizontalen Schenkel
dagegen kann, bezw. muſs sich dieser Gedanke aus der oben
bezeichneten Art der vertikalen Bewegung, in unserer Vorstellung hervorzutreten, ergeben. Der schräge Schenkel besiegt, indem er sich erhebt, die Schwere, wie alles, was sich
erhebt oder aufrichtet, und dem Zug dieser siegenden oder
die Gegenkraft überwindenden Bewegung folgen wir in unserer
räumlichen Vorstellung oder unserer Schätzung räumlicher
Vorstellungsinhalte. — Daſs die Überschätzung des Winkels
bestehen bleibt, auch wenn der obere Schenkel horizontal
liegt, hat nichts Verwunderliches. In diesem Falle scheint der
horizontale durch eine Bewegung nach oben von dem schrägen
sich los zu machen. Der Eindruck der Übermacht der Aufwärtsbewegung über die Schwere ist in beiden Fällen derselbe.

Nehmen wir diese Überschätzung der spitzen Winkel
mit einem horizontalen Schenkel zusammen mit der sonstigen
Überschätzung spitzer Winkel, so bedarf es für die That-

sache, dafs uns geteilte Winkel gröfser erscheinen, als unge-
teilte, soviel ich sehe, keiner weiteren Erklärung.

Im Zusammenhang mit der Überschätzung der Winkel an
der Horizontalen erwähnte ich ehemals auch schon die Fig. 32.
Die Steilheit der oberen Schräge gegen die der unteren und
damit zugleich die Gröfse des oberen spitzen Winkels gegen
die des unteren wird überschätzt. Wie die umgekehrte Betrachtung beweist, liegt dies nicht am Gegensatz des Oben
und Unten, sondern an dem oben aufgesetzten Plättchen oder
Riemchen. In ihm setzt sich die vertikale Thätigkeit der
Schräge nach oben fort. Dadurch wird der Gedanke der
in der Schräge liegenden vertikalen Thätigkeit gegenüber der
ebensowohl in ihr vorhandenen horizontalen Bewegung hervor-
gehoben.

Nun scheint freilich erst recht die in der unteren
Schräge vorhandene vertikale Bewegung durch die darauf-
folgende vertikale Linie fortgesetzt zu werden. Aber dies ist
keine Fortsetzung von gleicher Art. Jene vertikale Linie geht
aus der unteren Schräge hervor, aber als etwas relativ Neues,
ihr Entgegengesetztes. Die untere Schräge wendet sich nach
innen, zusammenfassend, konzentrierend. Dies ist ihre wesentliche Funktion. Auf Grund dieser Konzentration kann sich
dann die nachfolgende vertikale Bewegung kräftiger vollziehen.
Dagegen kann aus der oberen Schräge die vertikale Linie
des Plättchens unmittelbarer hervorgehen, weil sie selbst aus
der vertikalen Bewegung unter ihr hervorzugehen scheint.
In der oberen Schräge tritt die vorangehende vertikale
Bewegung aus sich heraus; ihre Bewegung ist die vorangehende Bewegung in vertikaler Richtung, nur aus der
Spannung oder Konzentration heraustretend und sich selbst
überlassen. Eben diese Bewegung fafst sich dann in dem
Plättchen von neuem zusammen. Die Schräge bildet also vom
einen zum anderen Stadium der Bewegung den Übergang.
Weil sie als solcher Übergang oder solches blosses Durch-

gangsstadium der vertikalen Bewegung erscheint, sehen wir
in ihr vorzugsweise eine Trägerin dieser vertikalen, nicht
ebenso eine Trägerin der in ihr gleichzeitig vorhandenen horizontalen Bewegung.

Freilich kann nun auch die untere Schräge in ähnlichem
Lichte erscheinen: sie braucht nur ebenso als Überleiterin
vertikaler Kraft oder Bewegung sich darzustellen. Um eine
solche u n t e r e Schräge zu gewinnen, brauchen wir nur die
Figur umzukehren.

Aus dem Gesagten leuchtet ein, welche Bedeutung die
Platte oder der Abakus über den schräg herausspringenden
Gesimsen oder Kapitälen hat. Es ergänzt sich dadurch die
Wirkung der darunter befindlichen zusammenfassenden oder
einschnürenden Glieder. Lassen diese die schrägen Gesimse
und Kapitäle kräftiger herausspringen, so faſst die deckende
Platte sie wiederum kräftig zusammen und schlieſst so das
Bild des elastisch widerstandskräftigen Gebildes in sich ab.
Die Platte bezeichnet den in sich gesammelten Abschluſs der
Bewegung, damit zugleich den Punkt, jenseits dessen eine
neue, gleichartige Bewegung beginnen kann.

Nicht minder leuchtet die Bedeutung der vertikalen
Sockel unter schrägen Anläufen, Fuſsgesimsen, eventuell
Basen ein. Diese selbst gewinnen, und damit zugleich gewinnt
die auf sie folgende vertikale Bewegung gröſseren Zusammenhalt und gröſsere Kraft.

Die Kreislinie.

Im Zusammenhang mit dem HERINGschen und dem
ZÖLLNERschen Muster, die ich hier zum letzten Male erwähne,
habe ich auch schon der Täuschung in Fig. 45 gedacht.
Ich komme jetzt erst darauf zurück, weil ich von da aus den
Übergang zu einer neuen Art von Täuschungen gewinne.

Der Kreis verdankt sein Dasein dem Zusammenwirken
einer tangential und einer radial gerichteten Kraft. Die

letztere erscheint uns aber als die Hauptkraft. Dies liegt daran, dafs ihre Wirksamkeit die eigentliche »Thätigkeit« in der Bewegung des Kreises bezeichnet. Wenn ich laufend einen Kreis beschreibe, so erscheint mir die Tendenz in der Tangente weiterzugehen als etwas, das mir begegnet und überwunden werden mufs; die Einwärtsbewegung als Kraftanstrengung, durch welche ich jene Tendenz thatsächlich überwinde. Wie überall, so sind wir aber auch hier geneigt, dem Eindruck der Thätigkeit vor dem des blofsen Geschehens, bei thatsächlichem völligen Gleichgewicht beider, uns zu überlassen, also jener Vorstellung in uns das Übergewicht über diese zu verstatten. So kommt es, dafs der geschlossene Kreis für uns viel eher Einwärtsbewegung ist, welche die nach auswärts treibende Kraft besiegt, als Auswärtsbewegung,

Fig. 41.   Fig. 42.

durch die der Zug nach innen überwunden wird, viel eher ein sich in sich zusammenschliefsendes als ein aus sich heraustretendes Gebilde. Sollen wir sagen, ob der Kreis den Mittelpunkt zu suchen o d e r zu fliehen scheine, so entscheiden wir uns für das Erstere. — Diese gedankliche Bevorzugung ist, wie man sieht, von völlig der gleichen Art, wie die gegedankliche Bevorzugung der vertikalen Bewegung und der Bewegung der Konzentration.

Daraus erklärt sich zunächst, dafs die Kreisfläche in ihrer ganzen Gröfse unterschätzt wird. Sie zieht sich auch optisch in sich zusammen. Sind Höhe und Breite eines Quadrates dem Durchmesser eines daneben gezeichneten Kreises gleich, so erscheinen sie beträchtlich gröfser. Man vergleiche Fig. 42 mit Fig. 41.

Ebendamit hängt auch die Täuschung in Figg. 43 und 44
zusammen. Man kann allgemein sagen, dafs wir die Einwärtsbewegung des Kreises, also den Grad seiner Krümmung
überschätzen, wo immer wir Gelegenheit dazu haben. Angenommen zunächst, es wendet sich eine Gerade in stumpfem
Winkel von der Peripherie des Kreises nach innen. Diese

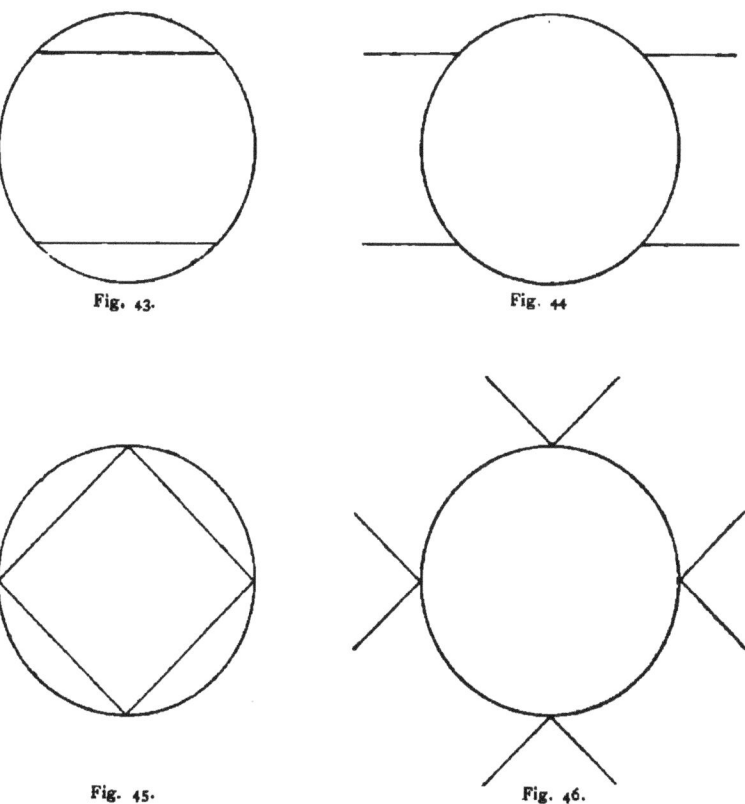

Fig. 43.   Fig. 44

Fig. 45.   Fig. 46.

Gerade könnten wir, von dem oben Gesagten abgesehen,
zur Kreislinie in doppelte innere Beziehung setzen oder, was
dasselbe sagt, wir könnten die innere sachliche Beziehung
der beiden Linien, die wir anzunehmen in keinem Falle
umhin können, in doppelter Weise deuten. Entweder die
Kreislinie folgt dem Zuge der geraden Linie da, wo sie in
dem stumpfen Winkel abbiegt, bezw. umgekehrt; oder die

5*

Kreislinie setzt sich vermöge ihrer eigenen Bewegung diesem
Zuge entgegen, übt also eine centrifugale Gegenwirkung.
Diese beiden Möglichkeiten kennen wir schon. Sie sind in
anderer Form repräsentiert in den Figg. 33 und 34.
Da aber, wie wir gesehen haben, in dem Gesamteindruck
der in sich geschlossenen Kreislinie die Vorstellung der Einwärtsbewegung überwiegt, so ist nur die eine der Deutungen
möglich. Indem diese Vorstellung dem Gedanken, die Kreislinie folge dem Zug der Geraden, entgegenkommt, verschafft
sie ihm über den entgegenstehenden Gedanken das Übergewicht. Es scheint also die Kreislinie von der Geraden nach
innen mitgenommen zu werden. Eine in sich gleichartige
Bewegung scheint durch Kreislinie und Gerade hindurchzu-
gehen oder beide aus sich hervorgehen zu lassen. Der gleiche
Sachverhalt lag schon vor in Fig. 9. — Wird aber die Bewegung
in der Kreislinie mit der Bewegung in der geraden Linie
derartig vereinheitlicht, so muſs die wirkliche Fortsetzung
der Kreislinie, also das Stück, das von der geraden Linie im
spitzen Winkel abgeht, aus der Kreisbewegung herauszutreten,
in Form und Richtung von ihr abzuweichen scheinen.

Das Gesagte könnte auch noch anders ausgedrückt werden.
In der Kreislinie binden sich eine centrifugale und eine centripetale Kraft. In der geraden Linie scheint die centripetale,
darum in der Fortsetzung der Kreislinie die centrifugale oder
tangentiale Kraft frei zu werden, oder für sich zur Wirkung
zu gelangen. Da aber die centripetale Kraft im Kreise als
die herrschende erscheint, so betrachten wir vorzugsweise die
Gerade als Ausfluſs oder Fortsetzung der Bewegung der
Kreislinie. Diese Art, den Sachverhalt zu bezeichnen, lieſse
die Analogie mit dem Thatbestand in Fig. 30 und zugleich
den Unterschied beider Fälle hervortreten.

Damit ist zunächst die optische Täuschung verständlich
geworden, der wir in Fig. 43 begegnen. Der Kreis scheint,
wo er in die gerade Linie mündet, vollkommener in sie zu

münden, als er es wirklich thut, d. h. er scheint nach innen
umgebogen; dagegen scheint die Fortsetzung des Kreises
jenseits der Geraden aus dem Kreis herauszustreben.
Sie ist zunächst scheinbar gestreckt, also der geraden
Linie genähert, dann entsprechend stärker gebogen. In
der That müfste es sich so verhalten, wenn in ihr
wirklich die der Einwärtsbewegung der Kreislinie entgegengesetzte oder ihr das Gleichgewicht haltende Bewegung sich
verwirklichte. Ich bemerke nebenbei, dafs der letztere Umstand für sich allein genügen würde, die Erklärung der hier
vorliegenden optischen Täuschung aus der nackten Überschätzung spitzer Winkel zu widerlegen. Es müfste sich
ja daraus genau der umgekehrte Erfolg ergeben. Die Kreislinie müfste, wo sie mit der Geraden den spitzen Winkel
bildet, zunächst stärker, dann entsprechend weniger gekrümmt
erscheinen.

Wie die scheinbare Bewegung des Kreises, also auch die
optische Täuschung sich modifizieren mufs, wenn an einem
Punkte des Kreises zwei gerade Linien oder zwei Kreissehnen
zusammenstofsen, ist leicht zu ersehen. Die Einbiegung des
Kreises, wo er in die Sehnen mündet, und die Streckung
jenseits dieser Stelle gleichen sich wechselseitig aus und ergeben eine Abplattung, wie sie in Fig. 45 sich darstellt.

Nur unter der Voraussetzung eines solchen Zusammen-
stofsens von Kreissehnen gilt nun zunächst, was ich schon
oben S. 53 sagte, dafs der Kreis genau dieselbe Verbiegung
zu erleiden scheine, wenn an die Stelle der Sehnen ihre Fortsetzungen über den Kreis hinaus gesetzt werden. Lassen wir
vom Kreise die beiderseitigen Fortsetzungen i s o l i e r t e r
Sehnen ausgehen, so ist der Erfolg in gewisser Weise der
umgekehrte. In Fig. 43 scheinen der rechte und linke Kreisbogen an den Enden gerundeter, der obere und untere an
den Enden gestreckter. Dagegen erscheinen bei Fig. 44 der
obere und untere Kreisbogen an ihren Enden gerundeter, die

seitlichen an ihren Enden gestreckter. Eine unmittelbare Dar-
stellung dieses Verhältnisses der Krümmungen giebt Fig. 47.
Wir können indessen diese Umkehrung des Erfolges in
der Betrachtung wieder aufheben. Wir brauchen nur die
Betrachtungsweise umzukehren. Fassen wir also etwa den
unteren Teil der Fig. 44 so ins Auge, dafs wir mit dem
unteren Kreisbogen beginnen. Das optische Phänomen erklärt
sich dann aus unseren Voraussetzungen leicht. Ist bei der
Kreislinie die Bewegung nach innen für unser Gefühl und
Bewufstsein die herrschende, so fassen wir notwendig das
Verhältnis zwischen ihr und der auswärts gerichteten Linie

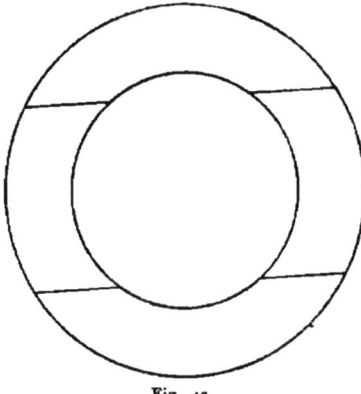

Fig. 47.

als ein gegensätzliches; d. h. die Bewegung des Kreises nach
innen erscheint als eine gegen den Zug der geraden Linie
nach aufsen gerichtete und ihn überwindende Gegenbewegung.
Daraus folgt, ebenso wie aus der Vorstellung der Nachgiebig-
keit der Kreislinie gegen die Einwärtsbewegung der Sehne
oder des Hervorgehens dieser aus jener, eine Überschätzung der
Einwärtsbewegung der Kreislinie. Man vergleiche auch hier
wiederum Figg. 33 und 34, wo ebenfalls aus entgegengesetzten
Gründen und doch nach denselben Grundsätzen eine Überschätzung der Einwärtsbewegung erfolgte.

Gehen wir dann weiter zur wirklichen Fortsetzung des
Kreises über die gerade Linie hinaus, so mufs dieselbe, ebenso

wie oben, im Gegensatz zur vorangehenden Einwärtsbewegung als Bewegung nach aufsen oder als Hervorbrechen der in der Kreislinie vorhandenen und an dieser Stelle frei gewordenen tangentialen Bewegung erscheinen. Der Vorgang ist mit dem entsprechenden bei Fig. 43 identisch, nur dafs hier das Hervorbrechen der tangentialen Bewegung eine Annäherung an die nach auswärts gehende gerade Linie bedeutet, während es dort eine Entfernung von der Sehne in sich schlofs.

Von der geschlossenen Kreislinie war bisher die Rede. Die Geschlossenheit giebt ihr, wie dies schon im Namen liegt, ihren Zusammenschlufs. Man denke sich einen Kreis aus festem Material, der, wie dies für die ästhetische Betrachtung von jedem Kreise gilt, nicht blofs vorhanden ist, sondern durch eine nach innen gehende, einen Druck nach aufsen überwindende Thätigkeit sich erhält oder sich jeden Augenblick von neuem erzeugt. Schneide ich von einem solchen Kreise ein Stück ab, so tritt es aus der Kreisform heraus und nähert sich der geraden Linie. Dasselbe mufs für die mechanisch-ästhetische Betrachtung bei jedem aus dem Zusammenhange losgelösten Kreisbogen geschehen.

Oder psychologischer ausgedrückt: Wir glauben an die biegende Kraft in einem Punkte des Kreises oder sind von der Vorstellung dieser Kraft beherrscht, vorzugsweise dann, wenn wir jenseits des Punktes weiter und weiter in ununterbrochener Kontinuität die Kraft wirken und schliefslich das ganze geschlossene Gebilde erzeugen sehen. Wir können nicht in dem Mafse an sie glauben oder unter ihrem Eindruck stehen, wenn wir jenseits des Punktes die Wirkung aufhören sehen. Die Bewegung geschieht, wie ich sagte, im geschlossenen Kreise in ununterbrochener Kontinuität. Diese Kontinuität ist stetiger innerer Zusammenhang, die Bewegung jedes Momentes ist Fortsetzung der Bewegung des vorangehenden; sie geht aus ihr hervor, ist also darin schon enthalten. Umgekehrt, geht aus der Bewegung eines Momentes keine gleichartige

Bewegung mehr hervor, so ist keine solche gleichartige Bewegung oder keine Kraft zu solcher Bewegung in ihr enthalten; sie ist relativ kraftlos. Also mufs der abgeschnittene, aus dem Zusammenhang des Ganzen gelöste, ebendamit aus dem einheitlichen Zug der Einwärtsbewegung herausgerissene Kreisbogen sich nach auswärts bewegen. Er bleibt sich selbst und der, abgesehen von jenem einheitlichen Zug der Einwärtsbewegung, in ihm wirksamen Kraft überlassen, am meisten da, wo er auch fürs Auge am meisten sich selbst überlassen ist, also gegen die Enden hin. Der Zusammenschlufs konzentriert sich nach der Mitte, wo die Kontinuität oder der Eindruck derselben noch besteht.

Von diesem Thatbestande überzeugt man sich am einfachsten, wenn man in einem Kreise zwei nicht zu kleine Lücken läfst, die den Kreis in zwei Bogen von ungleicher Gröfse zerteilen. Läfst man die Bogen in Gedanken über die Lücke hinweg sich fortsetzen, so schneiden sie sich; die Fortsetzung jedes Bogens geht über den anderen Bogen hinaus, oder umfafst ihn; und zwar gilt dies in höherem Mafse von dem kleineren, als von dem gröfseren Bogen.

Auch in unseren Figg. 43 und 44 gab es schon relativ sich selbst überlassene, wenn nicht in Wirklichkeit, so doch gedanklich abgeschnittene Bogen. In der ersteren sind die oberen und unteren, in der letzteren die seitlichen Bogen insofern sich selbst oder der centrifugalen Kraft überlassen, als die einwärtswirkende Kraft dort in den Sehnen sich fortsetzt, hier gegen die Sehnenfortsetzungen sich wendet, also beide Male anderweitig absorbiert ist. Doch übt hier der Gegensatz gegen eben jene Einwärtsbewegung noch eine besondere und den Effekt verstärkende, zugleich auch ihn modifizierende Wirkung.

Eine ähnliche den Effekt verstärkende Wirkung findet nun auch statt in den Figg. 19 und 20. Schon dafs die Kreisbogen isolierte sind, zwingt sie an den Enden auseinander zu gehen, und zwingt uns, des Ausgleichs wegen, die geraden Linien in Gedanken zu krümmen. Wir sehen hier aber aufserdem in den geraden Linien jedesmal eine centrifugale oder der centrifugalen gleichartige Bewegung unmittelbar vor uns. Dadurch wird die Vorstellung dieser Bewegung, auch soweit eine solche in den Kreisbogen vorhanden scheint, lebendiger. Und dies wiederum ergiebt eine Verstärkung unseres Eindrucks von dem Verhalten der Kreisbogen zu dieser centrifugalen Bewegung. Die Bogen wenden sich deutlicher nach innen da, wo nach oben Gesagtem ihre Einwärtsbewegung sich kon-

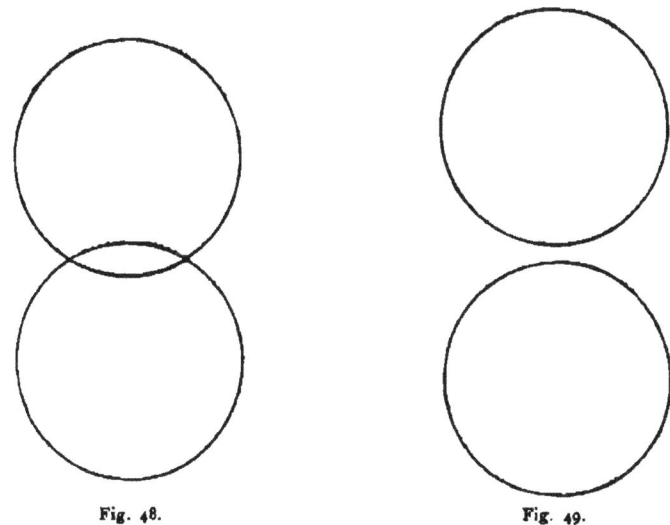

Fig. 48.   Fig. 49.

zentriert, also in der Mitte, sie strecken sich deutlicher da, wo sie wegen ihrer Isoliertheit sich strecken müssen, d. h. nach den Enden zu. Das Ergebnis ist eine scheinbar stärkere Krümmung in der Mitte und eine scheinbar gröfsere Annäherung an die gerade Linie nach den Enden zu. — Ich bemerke noch, dafs aus analogem Grunde, d. h. vermöge einer ähnlichen Kontrastwirkung, auch geschlossene Kreise, die in nicht zu grofser Entfernung aneinander vorbeigehen — s. Fig. 49 —, an der Stelle der gröfsten Annäherung stärker gekrümmt, dann entsprechend gestreckt erscheinen.

Betrachtet man Figg. 19 und 20 für sich, so könnte auch
eine andere, rein optische Erklärung dieser Figuren möglich
scheinen. Wir übersehen einen Teil der allmählich sich vollziehenden Krümmung der Bogen und übertragen darum die
Bewegung der wechselseitigen Annäherung und Entfernung
der Bogen und der Geraden zum Teil auf letztere. Nun thun
wir dies freilich, nur nicht aus optischen, sondern aus den
oben angegebenen Gründen. Erklärte sich speziell Fig. 20
aus einer allgemeinen Regel der Verteilung der wechselseitigen
Annäherung, bezw. Entfernung auf die sich einander nähernden
bezw. sich voneinander entfernenden Linien, so müfste sich
die völlig gleichartige Veränderung der Krümmung des oberen
und unteren Kreisbogens und die scheinbare Einwärtsbiegung
der zugehörigen Sehnen in Fig. 43 genau ebendaraus erklären.
Und wiederum müfste aus dem gleichen Prinzip die Thatsache
erklärt werden, dafs derselbe Effekt, wie in Fig. 43, sich auch
ergiebt, wenn zwei gleiche Kreise sich schneiden und wechselseitig nicht zu grofse Bogen voneinander abtrennen. Auch
hier scheinen die abgetrennten Bogen in der Mitte gekrümmter
und an den Enden gestreckter. Man vergleiche Fig. 48. Hier
könnte aber jene Verteilung der Annäherung und Entfernung
nur die Wirkung haben, dafs wir zu sehen glaubten, was
thatsächlich vorliegt.

Stetige Linienverbindung.

Die Betrachtung der Täuschungen, die beim Kreise stattfinden, sollte uns, wie oben gesagt, zu einer anderen Gattung
von Täuschungen hinführen. Damit meinte ich die Täuschungen,
die ebenso, wie die besprochenen, die Form einer Linie betreffen, aber nicht aus der Verbindung der Linie mit anderen,
sondern aus ihrem stetigen Übergang in eine Linie von anderer
Form sich ergeben.

Eben dafs die Linien verschiedenartige, d. h. einem verschiedenen Bewegungsgesetz gehorchende sind und doch stetig

ineinander übergehen, bedingt die Täuschung. Vermöge des
stetigen Zusammenhangs scheinen sie trotz ihrer Verschieden-
artigkeit Eines und von einem Gesetze beherrscht. Der
Widerspruch zwischen dieser scheinbaren Einheit und der
thatsächlichen Verschiedenheit ist es, den wir durch unser
Urteil auszugleichen bemüht sind. Natürlich ist das Urteil
jedesmal eine Korrektur, oder vom Standpunkte der Wahrnehmung aus gesprochen, ein Fälschung der Wahrnehmung.
Dafs jener Widerspruch, bezw. der Versuch, ihn auszugleichen,
zu Korrekturen der Wahrnehmung oder zu optischen Täuschungen führen kann, wundert uns nicht, da die meisten
bisherigen Täuschungen gleichfalls als Ausgleichungen des
Widerspruches zwischen einer scheinbaren inneren Einheit
der Linien oder einem scheinbaren inneren Zusammenhang
der in denselben repräsentierten Bewegungen einerseits und
der Wahrnehmung andererseits bezeichnet werden können.
Nur war bei ihnen der Schein der Einheit nicht durch den
stetigen Übergang vermittelt.

Die hier in Frage kommenden optischen Täuschungen
sind mannigfaltig und doch nur gleichartige Beispiele derselben
Regel. Ich begnüge mich darum mit dem speziellen Hinweis
auf einen Fall. Die elastische oder elastisch scheinende
Spirale — Fig. 50 — kann nicht von selbst in die gerade Linie
übergehen, in die sie thatsächlich übergeht; d. h. die in ihr
lebendige Bewegung kann nicht ihrem eigenen Gesetze folgend
zur geradlinigen Bewegung werden. Vielmehr hat sie da, wo in
der Figur die geradlinige Bewegung beginnt, die Tendenz, in
gleichartiger Krümmung weiterzugehen, also die geradlinige
Bewegung aufzuheben. Geschieht dies nicht, so mufs in der
geraden Linie eine Gegenbewegung stattfinden. Die gerade
Linie mufs die Tendenz haben, nach der entgegengesetzten
Seite sich zu biegen, und diese Tendenz mufs jenes in der
Spirale liegende Streben überwinden. Wie die gerade Linie
die Biegung vollzieht, zeigt die Figur deutlich. Es wäre leicht,

die krumme Linie anzugeben, die wirklich als geradlinige
Fortsetzung der Spirale erschiene. Die Täuschung wird deutlicher, wenn die gerade Linie an beiden Enden in eine Spirale
übergeht. Sie erführe eine leicht ableitbare Modifikation, wenn
die Spiralen nach verschiedenen Seiten gingen. Doch würde
damit nichts Neues gewonnen.

Wie gerade Linie und Spirale nicht von selbst ineinander
übergehen können, so auch nicht gerade Linie und Kreisbogen,
Korbbogen etc. Zwingt sie der Architekt dennoch dazu, so
hören sie auf, gerade Linien zu sein. Sie bäumen sich so zu

Fig. 50.

sagen sichtbar dagegen. So verrät sich in allen möglichen
Fällen, die hier nicht besprochen werden können, der Mangel
der Lösung eines ästhetischen Formproblems, oder die mangel-
hafte Lösung desselben unmittelbar in optischen Täuschungen.
Die optischen Täuschungen sind die sofortige und in die
Augen springende Kritik des unkünstlerischen Verfahrens.

Ich verweise nur noch auf unsere Figg. 28 und 29.
Auch da scheinen die geraden Linien, in denen sich die
Kreisbogen fortsetzen, in der Mitte nach außen, bezw. innen
gekrümmt. Beweis genug, daß jene Formen ästhetisch unmöglich sind. Die Kurven dürften keine Kreisbogen, sondern

müfsten aus aufzeigbaren inneren Gründen bestimmte, asymptotisch der Geraden sich nähernde Kurven sein.

Gewohnte Formen.

Endlich erwähne ich noch eine Gattung optischer Täuschungen, die mit unserem Thema in etwas loserem Zusammenhang stehen. Hinsichtlich ihrer glaubte ich mich ehemals einer bereits vorhandenen Erklärung anschliefsen zu müssen. Jetzt sehe ich mich genötigt jene Erklärung preiszugeben, oder zum mindesten durch eine andere zu ergänzen.

Der Buchstabe S, die Ziffer 8 erscheinen oben und unten annähernd gleich breit; kehrt man sie um, so sieht man, dafs der obere Teil erheblich kleiner ist. Als weiteres Beispiel füge ich gleich hinzu, dafs ich bei architektonischen Abbildungen mit verjüngten Säulen gewöhnlich erst bei umgekehrter Betrachtung die Stärke der Verjüngung erkenne.

Man hat jene beiden ersten Täuschungen abgeleitet aus einer Regel der Überschätzung solcher Gröfsen, die der oberen Hälfte des Gesichtsfeldes angehören, und wiederum den Grund für diese Regel in der besonderen Schwierigkeit der Augenbewegungen gefunden, vermöge welcher wir solche Gröfsen durchmessen. Ich glaubte an jene Regel, fand sie aber verständlich aus eben der »Gewohnheit des Sehens« oder eben den Erfahrungen, die auch der Überschätzung der oberen Hälfte einer vertikalen Linie zu Grunde liegen.

Nun mag diese Gewohnheit des Sehens freilich mitwirken, aber es müssen andere Gewohnheiten des Sehens hinzukommen. Die obere Hälfte einer Linie von der Höhe der 8 wird nicht in gleichem Mafse überschätzt, wie die obere Hälfte der 8. Handelte es sich hier um eine allgemeine Überschätzung oberer Distanzen und weiter nichts, so müfste auch von zwei übereinander befindlichen und sich berührenden gleich grofsen Kreisen der obere gröfser erscheinen.

Ein überall gleich breiter Pfeiler müfste nach oben sich scheinbar verbreitern u. s. w.

Die Gewohnheit des Sehens, die ich meine, ist jedermann
geläufig. Es ist eine bekannte Sache, dafs bei vielen Menschen
die beiden Gesichtshälften nicht unbeträchtlich verschieden
sind, insbesondere die Nasen nach einer Seite stehen. Bei
Personen, die wir genauer kennen, fällt uns dergleichen für
gewöhnlich nicht auf, um so mehr, wenn wir sie im Spiegel
betrachten, der das Bild umkehrt.

Genau dasselbe nun findet, soviel ich sehe, bei dem S
und der 8 statt, die wir einmal in gewohnter Weise, das
andere Mal umgekehrt betrachten. Niemand wird das Übersehen oder die Unterschätzung der Schiefheit einer Nase auf
ein allgemeines Gesetz der Überschätzung oder Unterschätzung
bestimmter Dimensionen zurückführen oder gar um dieser
Thatsachen willen Augenbewegungen eine gröfsere Leichtigkeit oder Schwierigkeit ihres Vollzuges vorschreiben. Ebenso-
wenig ist in unserem Falle ein solcher Gedanke am Platz.

Wir übersehen die Schiefheit der Nase, weil wir uns
daran »gewöhnt« haben. Aber auch eine allgemeine Regel,
der zufolge wir Unterschiede übersehen, weil wir Gelegenheit
gehabt haben, uns daran zu gewöhnen, giebt es nicht. »Gewohnheit« ohne genaue Angabe dessen, was man mit dem
Worte meine, ist das leichtsinnigste aller Erklärungsprinzipien.
Ist uns der Anblick zweier Menschen recht vertraut, so dafs
wir uns an ihre äufsere Erscheinung, an das, was beiden gemeinsam ist, wie an das, was sie unterscheidet, recht haben
gewöhnen können, so pflegen wir nicht die Unterschiede,
sondern das ihnen Gemeinsame zu übersehen; sie erscheinen
uns nicht ähnlicher, sondern voneinander verschiedener, als sie
denen erscheinen, die sie zum ersten Male sehen.

Soll der gegenteilige Erfolg eintreten, also ein Unterschied
übersehen oder für geringer gehalten werden, so müssen besondere Bedingungen erfüllt 'sein. Es mufs zwischen den

unterschiedenen Elementen eine besondere Beziehung bestehen, ein Gedankenzusammenhang mufs sie verbinden, der uns selbstverständlich und geläufig ist, so dafs wir auf Grund desselben unvermerkt vom einen zum anderen Element hinübergeleitet werden, oder, dem Zwang der gedanklichen Beziehung folgend, unvermerkt in unserer Vorstellung das eine in das andere verwandeln können.

Dabei braucht der verbindende Gedanke nicht, aber er kann wiederum ästhetischer Natur sein. Er ist es zweifellos bei der Unterschätzung der Verjüngung der Säule, die bei umgekehrter Betrachtung verschwindet. Dafs Säulen sich verjüngen, ist uns, wo die Verjüngung aus inneren Gründen am Platze ist und darum angetroffen zu werden pflegt, eine verständliche Sache. Die Form ist uns verständlich, weil uns dasjenige, was sich darin ausspricht und ihren eigenartigen Eindruck bestimmt, die sich steigernde innere Anspannung, unter den obwaltenden Umständen verständlich ist. Solche Verständlichkeit kann zur Selbstverständlichkeit werden. Was die Verjüngung der Säule sagt, ist zu einem integrierenden Moment in dem Gesamteindruck der Säule geworden; es gehört zu diesem Gesamteindruck nun einmal als einer seiner Faktoren mit hinzu; genau so, wie die Säule im ganzen sich darstellt, erscheint sie uns vertraut, natürlich, nicht anders sein könnend, kurz — »selbstverständlich«. Damit ist nicht gesagt, dafs uns unverjüngte Säulen, denen wir an anderer Stelle begegnen, unverständlich oder befremdlich sein müfsten, so wenig uns eine geradestehende Nase, die wir irgendwo finden, unverständlich und befremdlich ist, weil bei einer uns bekannten Person die schiefstehende nun einmal zur Person und ihrem Gesamteindruck mit hinzugehört. Die Selbstverständlichkeit der Verjüngung besteht zunächst dann, wenn wir ihr innerhalb des Zusammenhanges von Formen, in den wir uns hineingelebt haben, thatsächlich begegnen.

Diese Selbstverständlichkeit nun kann den Erfolg haben,

um dessen Erklärung es sich hier handelt, so gewifs die Selbstverständlichkeit in anderen Fällen einen ganz ähnlichen Erfolg hat. Auch dafs das Gesichtsbild eines Objektes sich verkleinert, wenn sich die Entfernung des Objektes vom Auge vergröfsert, ist uns selbstverständlich. So oft haben wir es erlebt, dafs mit der Vergröfserung der Entfernung die Verkleinerung des Gesichtsbildes Hand in Hand ging, so eng ist darum die Assoziation zwischen beiden Thatsachen geworden, dafs sie in uns als blinder Zwang wirkt, d. h. als Zwang, dem wir folgen, ohne davon zu wissen. Wir brauchen nur ein Objekt in unseren Gedanken weiter von uns wegzurücken, und wir vollziehen die entsprechende Verkleinerung seines Gesichtsbildes uns selbst unbemerkt. Wenn ich das Kästchen, das vor mir auf dem Tisch steht, mit dem Ofen in der Ecke des Zimmers vergleiche, so rücke ich es in Gedanken neben den Ofen. Damit gebe ich ihm zugleich in Gedanken die Gröfse, die es für mein Auge haben würde, wenn es wirklich neben dem Ofen sich befände. Weil ich dies, ohne davon zu wissen, thue, so meine ich — manche Psychologen behaupten: mit Recht — beide Gesichtsbilder verglichen zu haben, während ich in der That das verkleinerte Gesichtsbild des Kästchens mit dem wirklichen Gesichtsbild des Ofens verglichen habe.

Ähnliches nun kann uns auch und mufs uns unter Umständen bei der Vergleichung der unteren und oberen Breite der verjüngten Säule begegnen. Wir rücken, wenn wir den Vergleich ausführen, in unserer Vorstellung die untere Breite nach oben, oder nehmen das Bild derselben nach oben mit, bezw. umgekehrt. Nun pflegt in dem Formenzusammenhang, den ich hier voraussetze, und bei Säulen von der Art, wie ich sie hier im Auge habe, die untere Breite nach oben zu eine geringere zu werden; und es ist so nicht nur thatsächlich, sondern aus inneren und für uns, sofern wir uns dem Gesamteindruck der Säule überlassen, zwingenden Gründen. Diese Gründe

wirken in uns auch jetzt; es besteht also in uns ein Zwang,
wenn wir vergleichend von unten nach oben gehen, die Vorstellung der gröfseren in die Vorstellung der geringeren Breite
zu verwandeln, oder, kurz gesagt, das zuerst gewonnene Gesichtsbild in unseren Gedanken zu verkleinern. Je sicherer und
selbstverständlicher der Zwang wirkt, um so mehr wirkt er —
hier ebenso wie im vorhin erwähnten Falle — blind; um so
mehr entgeht unserem Bewufstsein — hier ebenso wie dort —
die vollzogene Verkleinerung. Die geringere obere Breite
erscheint als dasselbe oder annähernd dasselbe wie die untere,
nur mit dem Unterschied des Oben und Unten, ebenso wie uns
der in ein Meter und der in zwei Meter Entfernung gesehene
Gegenstand hinsichtlich der wahrgenommenen Gröfse als derselbe
erscheint, nur mit dem Unterschied der Nähe und Ferne;
oder, um noch ein anderes Beispiel anzuführen, wie uns die
Farbe und Helligkeit der hervor- und zurücktretenden und
darum verschieden beleuchteten Teile eines Gegenstandes,
wenn nicht durchaus, so doch in gewissem Grade als dieselbe
erscheint, nur mit dem Unterschiede des Hervor- und Zurücktretens. — Man erinnert sich der v. HELMHOLTZschen Auf-
klärungen über diesen Punkt.

Analog nun wird es sich auch mit dem S und der 8 verhalten. Auch sie sind uns, so wie sie sind, geläufig. Es
gehört nun einmal zu ihrem Charakter, ich meine zu der
inneren Eigenart, die uns die Formen vergegenwärtigen, also
zu ihrem ästhetischen Wesen — jede Form hat ja ein solches
— dafs ein breiterer und schwererer unterer Teil einen leichteren,
oberen aus sich hervorgehen läfst oder im Fortgang der Bewegung in ihn sich verwandelt. So und nur so besitzen die
Gebilde für uns ihre eigenartige Selbstverständlichkeit. Auch
hier besteht darum bei der Vergleichung jener sichere und
darum unvermerkt wirkende Zwang. Und daraus erst erklärt
sich hier wie dort die optische Täuschung.

Schlufs.

Ich breche hiermit die Untersuchung über die ästhetischen Faktoren der Raumanschauung ab, ganz und gar ohne den Anspruch, das Thema erschöpft zu haben. Es handelte sich, wenn man will, um Kleinigkeiten. Aber Kleinigkeiten brauchen nicht unwichtig zu sein. Mir wenigstens sind die Ergebnisse aus doppeltem Grunde von Interesse: einmal, weil, so viel ich sehe, auf dem angegebenen Wege ein nicht ganz kleiner Umkreis psychologischer Thatsachen eine gesicherte Erklärung findet. Dabei betrachte ich es als einen nicht geringen Vorzug, dafs das aufgestellte Erklärungsprinzip trotz seiner Eigenartigkeit doch nur, wie eingangs betont, das Seitenstück ist zu einem von v. HELMHOLTZ aufgestellten und durch Thatsachen genügend sicher gestellten. Dafs jenes Prinzip weiter sicher gestellt werden kann, will ich anderwärts zu zeigen versuchen. Ebenso läfst sich auch das hier angewandte Erklärungsprinzip weiter erhärten.

Zum anderen ist mir an jenem Ergebnissen gelegen wegen ihrer ästhetischen Tragweite. Der Ästhetiker hat, wie oben gelegentlich gesagt, was nur Sache des unmittelbaren Gefühls zu sein pflegt, in bewufste Gedanken umzusetzen. Er hat den gedanklichen Inhalt, der überall sichtbare Formen eindrucksvoll macht, und die Gesetzmäfsigkeit desselben herauszustellen. Die Arbeit, die er damit vollbringt, ist eine wissenschaftliche, also rein verstandesmäfsige. Sie verliert auch nichts von diesem wissenschaftlichen Charakter durch den Umstand, dafs jene Gedankeninhalte, also die Objekte, mit denen sie es eigentlich zu thun hat, der Phantasie angehören, nicht der Phantasie des Ästhetikers, sondern der Phantasie jedes ästhetischen Subjektes. Dennoch hat die Ästhetik zum Teil wegen dieser Eigenart ihrer Objekte mit Vorurteilen zu kämpfen. Vor allem solche, die mit oberflächlicher Betrachtung der Formen und ihrer scheinbaren Gesetzlosigkeit sich zu begnügen pflegen, sind geneigt, die Ästhetik der sichtbaren Formen, weil sie mit Phantasieobjekten sich beschäftigt, selbst für Phantasiearbeit zu halten und danach zu beurteilen. Solches Urteil zu widerlegen, ist zunächst jede ernstliche ästhetische Untersuchung ein geeignetes Mittel. Aber auch das Verständnis unserer optischen Täuschungen kann dazu einen Beitrag liefern. Zeigt der Ästhetiker, dafs die Gedankeninhalte, die Kraftwirkungen, Arten der Lebendigkeit und inneren Regsamkeit, die er in den Formen wirksam sein läfst, sogar den Widerstand der Wahrnehmung zu überwinden und in gesetzmäfsiger Weise zu überwinden vermögen, dann hat er damit doch wohl auch gezeigt, dafs die Gedankeninhalte da sind und eine Gesetzmäfsigkeit besitzen.

Berichtigungen.

Seite 26, Zeile 8 von oben: 58 statt 274
    35,   11   »   43 » 259.
    36,   16   unten: 80   296.